U0113644

成中英　著

国学智慧七讲

Seven Lectures on
Chinese Wisdom

北京师范大学出版集团
BEIJING NORMAL UNIVERSITY PUBLISHING GROUP
北京师范大学出版社

自　序

　　国学一般是指有关中国历史学、哲学、文学、社会学和民间各种生活方式、价值的总称。因此，其范围可大可小，所包含的知识量可重可轻，品质可高可低。整体来说，国学是中国文化的结晶集合，是集中了所有宝贵玉石的矿藏。当然，其中既有精华，也有糟粕。我们需要保存其精华，扬弃其糟粕。

　　近年来，我们要整合中华文化作为学科的项目，深入精神的层次，使其成为"显学"也不为过。甚至，有不少大学建立了国学院，积极讲授国学，各有特色。基于这个原因，北京人文研修学院国学院蔡恒奇院长，特别邀请我来他的学院做国学演讲，阐释国学的高贵品质。蔡院长在北京发展国学教育已有十数年，培养出一代又一代年轻的学生走向国学，成绩斐然。蔡院长国学根底深厚，对国学经典十分熟悉，是一位出色的国学家和国学教育家，也是一位有理想有抱负的文化先进。

基于对他的了解，我接受了蔡院长的邀请，但是我提出，来仅仅做一个演讲是不够的，更需要一个系列的说明，即以现代的眼光说明国学，而不能就国学讲国学，把国学推到人们眼前却不加评述是不可行的。我们需要把国学的要素提炼出来，需要系统地回答如何提升国学，如何创新国学，使它具有理论性和前瞻性，而不仅仅是搜集国故资料，彰显传统历史而已。他同意我的看法和我提出的对国学发展的建议。

这个系列的讲座分为七讲，每两周讲一次，共讲七次。在这个系列的讲座中，我提出国学理念应具有的思想特色，并寻求国学的精神所在，让国学展现中国哲学的开放精神，这样方能促进下一代人的成长，把中国文化传承下去，建立文化共识教育的模范。在此，我对国学的实用性加以发挥，并进一步探讨如何学习国学。

首先，我强调以实践的眼光来发挥它的世界普遍性的价值。我重视国学的思维方法和理想境界。这些虽与儒家传统分离不开，但却能把儒家和其他文化传统整合起来，建立一个更宽广、更深入的人生发展途径。比如，传统的国学不排除结合道家的自然主义以及诸子百家的人生智慧，并把佛学融合其中，从而形成一个多元一体的生活世界。这个讲座受到疫情的影响，成为网上讲学。学生定期上课并提问，也别有一番风味。

　　其次，在更高的层次上，我理解到如何从哲学立场说明国学的价值。因此，我提出从文化根源和整体的哲学眼光来诠释和推动国学的发展，尤其强调国学在伦理学、道德学中的运用与实践。我强调《论语》说的"天下归仁"，"归仁"的最高目的在于打开胸襟、相互尊重、彼此学习，尤其能够有一个博爱包容的心胸，包容天下之人，融汇天下之物。这就是孔子主张的"仁"。"仁"要求铲除自己的私心，从本性上建立一种整体的、有道德的、能发挥创造精神的生活。

　　讲座中，我要回答一个重要的问题——中国人有没有信仰？我认为中国人表面看起来没有信仰，但其人格与内心却具有深度潜在的信仰。当今社会很多人认为中国人没有信仰，因为"五四"以后，人们奉行西化路线。近几十年来，国人更追求经济的利益，事实上也造成了社会上不仁不义、背信忘义、伤害天良的各种事件，因而导致第三方认为中国人没有信仰的错觉。但这显然只是时代造成的一些迷失，其实更多的中国人在内心仍然爱护家庭，爱戴国家，具有深厚的天人合一意识和对道德人性的基本信心。

　　中国文化精神的核心，就在于创立一个具有道德性的宇宙观和一个合乎自然理性的认识观。这一认识观从上古三代到今天数千年，都没有真正失落过，只是不同的时代会产生不同的隔绝。近代以来，受到西方文化的冲击，这种宇宙观和认识观经过有识之士的提倡和人们普遍的反思，正在被逐渐恢复。因此我说中国人的信仰是潜在的，需要提倡，需要觉醒。无论是在个人伦理上重生，家庭伦理上重孝，朋友伦理上重义，还是在社会伦理上重仁，国家伦理上重忠，世界伦理上重同，都可以看到。当然，这种信仰唤醒也可以看成是信仰重建，并非无中生有。显然，当今的中国社会逐渐回到价值的眼光，认识到个人、家庭、国家与社会的层次与协作关系。这种智慧是国学所强调的，这种智慧也就是中国文化融通整合和谐化的智慧。

中国人有无信仰问题，本质上是中国和西方在近代文化冲突中遇到的问题，而并不能导向中国人对自己认识观的怀疑。实际上，中国急需的是恢复自己的国学认知，并吸收西方文化的精神作为营养，以充实和创新中国的文化发展精神。这个吸收他人之长以促进自我的开放性和包容性，和中国传统强调实事求是的精神是一致的。朱熹说："旧学商量，新知培养。"显然这是一种融通的功夫，必须从理论和实践、道理和气质上同时进行。这是一种道德的实践，同时也离不开和其他文明传统相互学习和提升的努力。我记得我在20世纪90年代提出重建"整体人类伦理学"的观点，强调把伦理学中的德性作为整合责任、权利和实用等方面的基础。

在伦理道德之外，一般的国学都没有提到管理的问题。我这次讲座则十分强调中国管理的层次性。从行为管理到心灵管理，这是个人修持的过程和应用，也是人类文化教育中的重要实践，其目的在于达到一个时代所需要的，和企业、行政有关的整体有效理想。这自然是本次讲座的一个重点。

我的目标是国学的现代化、精华化、具体化和创新化，这样的发展除了需要文化传承之外，还需要世界性的文化传播，需要开通世界范围的各种渠道，来促进中国文化发展目标的实现，来彰显国学的基本价值中具有普遍性和推广性的一面，为人类整体发挥教化的作用，使人们心安理得，和平共处，从而带来天下美好的和善社会。

目前，我们如何和西方文化交流？我特别强调中西文化的差别。我们如何去对待？我认为这需要深度沟通与不断相互诠释的态度，以解决 17 世纪以来中西的利害之争。要解决中西问题，我们就需要理解西方，突破自我，认识到冲突矛盾的可能性，也因此必须积极地发挥中国的融通智慧，来转化西方文化中一些有问题的因素，但也支持其美好因素的发展。

研究国学，不能只限于国学，我们要跳出国学来认识国学，用人类的眼光来看国学。因为国学不应该局限在中国的使用，还必须在世界范围内普遍地发挥作用。尤其在解决人类共同和平繁荣存在的问题上，能够导向实际的和平与繁荣，而非故步自封，更不可以钻入牛角尖。因此，研究国学的要求是应该建立起对中国文化真正的信心。信心来自理解和反省，以及对人性的全面的认知，并开拓出包含中西差异，转换差异为互补的文化境界和生活世界，也就是能产生彼此平等相待，而又相互支持促进的整体生活的态度。这样一个整体世界的观点，自然有助于形成人类走向生命共同体世界的动力。

以上是我对这次国学讲座的核心观点，如果再深入整合来说，《国学智慧七讲》也可简称为《国学七慧》，包含了生命慧、理解慧、信心慧、道德慧、管理慧、时中慧、互鉴慧七种。可惜只是没有如我所希望的那样充分发挥，只能留待其他有识之士和年轻的后进继续发展了。

本书的出版，首先要感谢北京人文研修学院国学院蔡恒奇院长的全面支持，同时也感谢北京师范大学出版社策划编辑周雪梅博士和责任编辑李春生博士的辛勤付出。另外，我还要感谢国学院的巩晓慧女士，为我录音和整理稿件，使其成为可读的文本，并添加小章节的名称。我也要感谢两位对书稿进行校对的同人，即北京大学的张允起教授和北京中英书院的季露露女士。最后，我要感谢所有听演讲的学员们，他们的口头与书面提问，都显示出对国学由衷的兴趣和热忱，为国学的发展带来一份美好的愿景。

是为序。

夏威夷大学哲学系
檀香山
2023 年 1 月 29 日

序　言

　　"呦呦鹿鸣，食野之蒿。我有嘉宾，德音孔昭。"

　　2000年新纪元伊始，我主持创作的《中华成语千句文》正在约请数十位文化教育界著名专家学者召开研讨会，以期得到更好的修改意见，打造当代文化精品。成老是享誉海内外的名家，自然是必须要延请的重要一位，然而不巧的是，他当时还在美国，于是我们只能以邮件方式"鸿雁传书"。成老评价《中华成语千句文》："千句文文辞华丽，音韵铿锵，极富宏扬通行之价值，更有要者，千句文内涵丰富，观点正确，在凸显中国文化上尤见功力。"他的评价给我们创作组带来了极大的鼓舞。然因未能睹其风范，躬身承诲，我一直心存遗憾。

　　这一种遗憾终于在2017年8月7日得以释怀。其时我应邀参加第四届中国书院年会暨第七届书院传统和未来发展论坛，论坛的主讲嘉宾正是成中英先生（另一位是楼宇烈先生）。两天会议期间，我得以有机缘向成老请教，成老也蔼然乐道，可谓"望之俨然，即之也温"。随后，我诚挚邀请成老莅临北京人文研修学院国学院指导工作，他欣然应允。几天后我如约接他，至国学院已是申时。同学们得知成老德高望重，在国学界有重要的影响力，在渴盼中自行列队成仪，夹道欢迎。晚上七点开始，原定两小时的讲座在同学们一个又一个的"请教"声中延长到了十点多。国学院师生皆被成老渊博的学识、中外贯通的独特视角、中西兼治的学术路径，对经典文本深邃而明快的解读，对中国文化的拳拳服膺以及对莘莘学子立心立命、诲人不倦的教育情怀、大家风范所深深折服。深夜，我和爱人送成老回市内家中，我留下了两篇文稿，求教于成老。

第三天上午，成老来电，问我"今天有没有时间，我要请你!"我和爱人立即前往。成老拿着我的文稿，谦而欲视我为"好兄弟"，完全放下大家之矜泰，益显得道大家"纯亦不已"的可爱。然我在受宠若惊之余，又岂敢承受尊者之错爱，而终得"事父之乐"。从那以后，我们的联系益加亲密。尤其是在国学院旨在"复兴中华道业，培养种子人才"的长城班建设问题上，成老更是站在人类全体的角度和当今世界风云际会、波谲云诡的时代角度，特别强调传承和弘扬中华文化的迫切性与国学种子人才培养的重要性，强调追求整体和个体一致的善，强调中国文化是生命的学问、是止于至善的学问。在教育、教学、管理、经典与践行等诸多方面，给予了很多宝贵的指导意见。

　　疫情肆虐，百业受损。我们考虑，这也许正是引导大家学习传统文化的机会。于是，我们决定启动"人文国学讲坛"，邀请名家讲学，为大家提供一个学习国学的公益平台。2020 年 3 月，我跟远在美国的成老电话商量，请他打头阵，来做"人文国学讲坛"开坛之讲。成老对这一项志在弘扬中华文化的公益事业表达了一位慈祥老者的坚定支持，他愉快地接受了，并愿意就国学智慧这一主题作系列发明。于是便有了《国学智慧七讲》。

　　七讲，从什么是国学，到怎样学国学，到如何融汇于生命、融汇于生活、融汇于世界，作熔古铸今、继往开来之新命。可以说层层推进，步步深入。成老以其中西融汇的独特视野和胸怀，意在以实践的眼光、国学的思维和理想的境界对国学的实用性加以发挥，力求以中国文化精神的核心，创立一个具有道德性的宇宙观和一个合乎自然理性的认识观。成老强调把"德性"作为整合责任、权利和实用等一切的基础。同时，我们从他所述的"个人伦理上重生，家庭伦理上重孝，朋友伦理上重义，社会伦理上重仁，国家伦理上重忠，世界伦理上重同"的深邃概括中看到了一种超越宗教的有序的信仰。不过，非常遗憾，今天的社会因失去了文化自觉从而导致了信仰自觉的丧失，人们仅仅依靠祖宗留下的信仰基因，尚能有些许"日用而不知"的本能，但"不知"并不是没有！所以成老呼唤我们要唤醒信仰！

　　今天的世界波谲云诡，如何用人类的眼光来看国学，重建"整体人类伦理学"，这是成老的重要目标，达成这一目标就要实现国学的现代化、精华化、具体化和创新化，开通世界范围内的各种渠道，来彰显国学的"普世价值"，为人类整体发挥教化作用，以达成一个道济天下、海晏河清的和谐世界。

这是一位国学大家循循善诱的智慧写照，也饱含着一位文化巨匠从人"趋吉避凶"的本性追求，到"趋善避恶"的心性引领，到"止于至善"的终极关怀。然而最令我感动的是这位80多岁老人"克己修身之功夫"：因为我们的直播面向大众，性质是以普及性、引导性为主，同时我们也会收集一些听众的意见反馈，所以需要请成老淡化学术性，增强与社会、生活、生命结合紧密的"能近取譬"的趣味性和生动性。在前两讲的过程中，我们加强了这方面的沟通，但要一个闻名世界的哲学家放下身段，何其难也。我小心翼翼地跟老人家交流，结果，他说："你要我一个哲学家讲老百姓听得懂的话，这怎么可能！"我更加小心翼翼，努力避免冒犯以致让老人家生气："成老，向您请教，将语言转化为唐诗，和将语言转化为老百姓听得懂，哪一个更难？"成老说："当然是唐诗难。"我说："是的。但当年李白杜甫写诗，写好后常常要去吟诵给乡野百姓听，听不懂就去改，改到他们听懂为止。中国文化的根本不就是要化及天下吗？老百姓听不懂，我们的文化就会失去天下。"成老笑了："你说得对，语言转换，宜家宜人。文化传播，因人制宜。打破学术化，从我开始。"这就是一个文化大家的涵养和风度，他对我的冒犯，无所计较，恕道而行。他要从自身开始打破西方学术化樊篱，复兴中国文化"以道为心""以文化人"这一根本。这是一位耄耋老人留下来的文化佳话。

斯人斯德，"纯亦不已"。

几年相处，私淑于先生甚多，吾身之幸也。几年来，从未见成老发过脾气，却见慈蔼日溢，诲人不倦；未言一分利益，唯作无私奉献。诗云："人之好我，示我周行。"晚生是则是效，感佩不已。

成老嘱末学作序，我则岂敢。故述心迹以代之。

蔡恒奇

癸卯年仲夏端午
于北京人文国学院

目　录

国学与人生

各位朋友，大家好！

我在美国檀香山，远隔重洋，辛苦大家在一起。我们今天来谈一个很重要的话题——国学与人生。北京人文研修学院国学院蔡院长邀请我做一个隔洋的演讲，因为最近新冠感染疫情形势严峻，学校的课都改成了网课，各种问题比较复杂。我很期待在这样的情况之下和大家聊聊家常，也可以说是一种温馨的问候与沟通。关于这个题目，我想先做一个界定，然后就大家最关心的问题提出一些看法，再进行提问交流。

所谓国学，我在很早前已指出来，就是中国的学问。中国的学问是在中国的土地上、在中国历史发展的过程中我们中国人的一种智慧表达。它的内容是什么？我等一下再讲。

国学到底对今天有什么意义？我也会讲。

国学相当于什么呢？我觉得"对照"很重要，国学要和两样东西对照。一个是和所谓西学对照，所谓西学就是西方的学问，而不是中国的学问。作为"人的学问"来讲，西方的学问也是人的学问。但是西方整个文化传统的发展、历史的进度、所遭遇的情况和中国是不一样的。而且，这里有个最大的差别就是西方的历史发展是比较多元、比较复杂的，而中国的历史发展则是逐渐展开的、包容的。中国人遭受历史上的各种境遇，包括战争侵略。但中国人能够抓住自己，不失掉自己的信心，能够掌握从古到今最基本的生活态度和宇宙价值——宇宙观、生命观，而没有放弃过。那西方呢，因为有不同的民族发展，每个民族代表不同的价值观或者历史背景，所以它们中间的差异、冲突就比较大。西方在近代有重大突破，就是进入工业社会，然后走上了一条科学发展的道路。在人类文明的发展进程中，它率先发展了近代工业文明，可以说这非常重要。

中国从很早就认识了宇宙以及人和天地自然的关系，早在古代农业文明的开始，就率先实现了人类文明的突破。就我个人的考证来说，农业的开始应该是在公元前一万年，包含了伏羲时代。这就是我说的"羊文化"时代，从当初以一马一狗为主，慢慢进化到以一牛一猪作为圈养对象的时代，中间经过了羊的圈养。这为什么很重要呢？因为在这里孕育了实践的机缘，让人们能够有更多的时间从畜牧过渡到农耕，能够观天察地，产生我说的所谓伏羲文化、伏羲文明。这对研究天地之变化，形成对宇宙的集体性认识是很有帮助的。这和西方不一样，为什么呢？因为西方没有这样一个非常明显的过渡时期。当然，西方也有羊，也有"羊文化"。西方人从游牧文明后期就已经产生强烈的宗教信仰，相信人能掌握自己的命运，征服自然。他们自己就在这个现实当中去谋生活，去求自己的福分。中国人则逐渐认识了宇宙，产生了内在的自我的信心，能够去应对各种情况，在农业文明上有很大的进步，有很强的组织力和管理力。至于近代西学则主要讲的是工业文明，讲的是科学哲学问题，以科学作为基础。当然，他们也有他们的社会制度和经济制度，这些是他们现代性的一部分。

国学与汉学及文史哲的对照

这里，我还要把国学和汉学做个基本对照。汉学是西方人了解中国的学问。西方人了解中国学问，只能从经典中去了解。所以汉学开始的时候就是要翻译中国的经典，或者说通过读中国的书来了解中国是什么，这一点很重要。西方人是以所谓课本或者文本为主的了解。但这个课本或者文本毕竟还是有限的，不可能博采群书。从翻译来说的话，到现在为止，法国人还没有把中国的典籍翻译完全，英国人翻译的中国的典籍比较多，德国人也不错，其他西方国家的人翻译的东西并不是那么丰富。所以，他们所了解的知识只是拘泥于一隅，他们对哪一方面有兴趣，比如对建筑有兴趣，对中国的所谓自然观有兴趣，对中国的某一方面专长有兴趣，就去专注这一方面。对儒学而言，最早他们翻译了《大学》《中庸》，这些是比较短的。《论语》能代表哲思，在17世纪后半期就已经被翻译了。稍微复杂一点的东西，他们认为自己有了，就不关心了，比如说在中医方面，《黄帝内经》是什么时候翻译的我也不是很清楚，但很明显这是比较晚的。西方人对自己感兴趣的很早就翻译了，比如说《易经》。在18世纪，传教士看到中国人那么崇尚"易学"，就对《易经》非常重视。但这本书是很难翻译的，即使当时顶尖的科学家莱布尼茨和白晋（法国数学家、耶稣会士）看到《易经》的图录，比如说六十四卦的方圆图，也没有真正翻译出来，更别说他们能够深入《易经》里面去了解。今天，由于受中国学者眼界开阔的影响，比如说我在1965年就把《易经》当成一种哲学来讲，西方人也开始重视《易经》的文本。1965年以后，就美国来说的话，《易经》英文本慢慢多起来了，中国人也参与其中的翻译。总之，汉学简单地说就是属于以经文本为主的一偏之学，它不能够等同于中国的国学。

中国的国学是一个开放的、整体的，而且更重要的是活动的、不断发展的学问。它不止在经典，它是把构成经典的那种力量发展出来，产生新的内容，逐渐组合成为新的传统。而这个传统需要中国人的投入，至少从这个角度看，中国的学问没有断过。虽然有不同的阶段和特色，但是我觉得对于这个学问还是要加以十分肯定的。因为人类文化的发展，就是在于找寻一个一个的价值，来创造相应的文明，这样人的生命才有意义。人之生于天地间，就是因为人能够掌握这个生命，能够发挥这个生命，创造这个有价值的生命。这样我们就能把荀子的"天地生人"和孔子的"人能弘道"结合起来理解了。"人能弘道"是很重要的。人为什么要生活呢？为什么要发展呢？有什么意义呢？他生活的追求是什么呢？就是他能够"弘"这个"道"，能够掌握天地之道、生命之道，把它发展出去。发展这个"道"实际上也是实现自己生命的正能量，让自己能够生活在世界上时，具有一种价值观，具有一种能量，具有一种活力。就是说你的力量，你能够将之发挥出来，变成实际，变成真实存在的一部分，这样人活得才有意义。人不能虚假地存在，人不能造假地存在，这是很重要的。人要面对自己，当然，每个人都可能不一样，但或多或少人都有自觉的一面。有人苟且偷生，有人可能就是无法面对自己，无法面对这个世界，这样是很痛苦的，比生病还痛苦。我想我大概要交代的是，道的问题是中国国学的很重要认识。它反映出，国学是真实的学问，是有关人类真实生命的学问，是实现人类真实生命的学问，这是我自己的理解。

这个理解是很重要的。为什么呢？因为中华民族在世界上可以说是非常长久的。虽然我们在考古上可以看到，有很多民族也很长久。但是根据我的历史考证，从哲学的观点来看，中华民族之所以能够非常长久，是因为最早认识到人跟天地的关系，这点要特别强调。像我刚才提到的所谓伏羲文化，特别强调人观察天地，从观察天地到认识自己，再观察天地获得更多的对自己的认识，然后投身其中，在实践中去掌握自己生活的分寸，克服生活的困难，实现生活的潜力，创造美好的事物。当然也有人失足，有人犯过错误，但是总的来说，这样一个大的社群和整个群体，是向前走的，是正面的，而且能够百折不挠，能够锲而不舍，能够往前追求，这非常重要。人对生命的追求要成就一个价值，甚至于说"高山仰止，景行行止。虽不能至，心向往之"。人们可以向往，向往本身就是一种力量，不妨碍他慢慢地追求，不妨碍让他的后代、让他的亲人追求这种价值。虽然有的时候我们做不到，但是，我们有这种感觉——跟天地相通的一种直觉、一种生存的体验，我们就可以说生命是很有价值了。我们在分享、传承这个生命，我们能够创新、实践这个生命。这是作为国学的重要的含义。所以，国学就是我们中国人的学问，它既是一个有关生命的学问，也是一个不断实现生命的学问。我觉得我们必须认识到国学的这个内涵。

当然，现在国学的发展是很重要的。我想，我们可以从人生来看国学，也可以从国学来看人生。人生跟国学的密切关系就在于国学来自人生。可以说人生也铸造了国学，跟国学有密切的关系。国学实际上是一种文明，从行为方式来说，它是一种道德的文明；从生活的方式来说，它是具有群体性、协调性的社群生活。但是，从抽象的眼光来看，它在过去就好像是一种有内心、有内涵的价值。所以，事实上国学的精华，就在于它是一套哲学。同时，它又是历史，是客观的存在，当然其中也有主观参与。

中国人说文史哲。至于"文"，国学当然就是我们所有人的生活的方式，这个"行止"都可以表示为文。所以，孔子说"文不在兹乎"，这个"文"——"斯文"很重要，因为"文"就是人的生活形式，可以说是实现生命的形式。我们要实现生命，就要有一个形式，这个形式就可以是"文"。这个形式可以表达成为语言，用语言表达我们对生命的各种角度的认识。那么，用一种什么样的方式来表达？这就是所谓中国文史哲的认识。比方说从具体的生活状态来描述，或者从生活感性来感发，就变成文学。文学里面有诗，能够表达我的这种志，因为"诗言志"，能够表达自己内心最深刻的感情、最深刻的愿望。当然，从诗到词来叙述自己的感情，描述客观的情况，到现在所谓的小说、散文，这些都是作为"文"的方面。这个在古代就是所谓经史文集，也就是经史子集。经史子集我们稍后再说。这里我们稍微解释一下，这里的"文"与文史哲的"文"表达的内容其实都一样。当然，表达方式不一样。

国学与经史子集

说到经史子集，中国人经过深入考察思考，将对人生的透彻认识和对人的行为规范的认识，逐渐提炼出来原则性的东西，这个原则性的东西就是所谓"经"。"经"也是一种文，最基础的文。

"史"呢，就是所谓的历史。我们说历史有两种，一种是实际的历史，另一种是书写的历史。当然，这里所说的传世就是书写的历史，比如说二十四史。文史的"史"，也就是实际的历史发展的结果，表达了对史的一种描述，这种是真正意义上的史。

那么，我们所称的中国的国学就有两个面了：一面是根本性的东西，是要我们自己体验的；一面是文本性的东西，是让我们去读的。这点我觉得要分得很清楚。其实，中国后期的哲学家们都很重视文本，包括朱子。当然，他们也注重自己的体验、反思。比如朱子提出的"中和之说"，就是自己怎么去感受，情绪"未发"之前人是怎样一种存在。对于文本所预设的存在着的活力，需要那样一个思考的过程。所以，不要以为中国的"经"是脱离思考的，其实它是以一种深刻的思考作为基础的。这个是"经"。

历史也是一样。你要把一个具体的历史写成一些具体的报道，比如说司马迁的《史记》。司马迁把它写出来，下了很大功夫，而且在那样特殊的情况之下，他对这个历史本身有一种很深刻的感受。所以说，从历史里面可以找到人的教训，人可以在历史当中温习人的行为，慢慢也会在温习人的行为之中，找到人的缺陷和可以改过的地方，来改进人生，因此可以得出一些很正面的发展的途径。所以，史是很重要的。我这里说的历史是指从具体的历史、事实的历史走向文本的历史。但是这两者不应该脱离。作为一个思想者，我所强调的是，这个经的经文和经背后的所谓生命的价值观不能脱离，具体历史经验教训和实际的文本不能脱离。为什么我们要读历史，最后还是让我们从历史里面学习？因为我们不能够重复历史，不能忘记历史。如果忘记历史，那就要付出很大的代价。其实，我们要继续延续历史，历史至少作为一个文本，它的好处是提醒我们怎样可以避免一些不必要的错误，这也正是文史哲学科领域"史"的重要性的体现。

在学问的分类当中，还有所谓"子""集"。文史哲的"哲"是比较现代的概念，我是很尊重"哲"这个概念的。但现在，我们要先花点工夫去了解"子"。大家都知道中国历史和文明的发展，不是一个简单粗糙的发展，而是一个精密的发展。当然，每一个民族都有自己的传统，每个发展都像一棵树一样，到时候会开花，会产生一些果出来。这就是雅斯贝尔斯所谓的"轴心时代"，他说的轴心时代在我看来就是有这么一个开花、结果的过程。当人在经过一段发展之后，由于彼此的交往，由于各种类似性，由于人的生命的成熟、经验上的饱满，慢慢产生了所谓对价值、对真实的认识，作为他可以来奉献的目标。这可能也是一种规律，就是人在某个时候要对这一个大的历史进行反省，不做这个反省的话，很可能就要被淘汰掉了。就像我们今天说孔子也好，或者孟子也好，比如说"四十而不惑""四十而不动心"，那么"四十"就很重要啊！四十岁还没有一种不惑之心，或者是稍微迟一点也可以，但是如果没有这样一种反思，他就不能成熟。如果这样一个瓜不能成熟，那就不能成为一个好瓜。你成熟了之后再往前走，那就更自信更开放了。所以我的意思就是说历史发展到一定时间，会有成就，会有一些人性的成就，或者人的文明的成就。那么这个文明成就包含什么呢？主要就是产生哲学。

今天我需要再跟大家稍加说明一点的，就是"子""集"，"子"是"文"的一部分，"子"是个人。这个称为"子"的人，是很受尊重的人，他是至少能够独立成"家"的人。所以，儒家我们说孔子、孟子，道家我们说老子、庄子，后面还有很多称为"子"的人，我们统称之为诸子百家。有的人有一家之言，我们也可以称他为"子"，那么"子"就相当于他是自成一家之说的学问者、思考者，最主要的是他有一种生命的思考。不管思考是对还是错，但他提出了一种思考，让大家能够去参考，或者去辩驳，能够启发大家。比如说公孙龙子，我们称他公孙龙，他姓公孙名龙，是个思想家。他提出了"白马非马"这样一个命题，引起人去思考，就代表哲学思考的一种方向。你说白马怎么会不是马呢？那当然也是马，但他已经给出了理由：白马是白加上马，是颜色加上形状，它不等于只是形状，这样一个推理代表某种分析性。我们不一定使用这样的逻辑学。我们现在的逻辑更倾向于像后来墨子的那种逻辑，更倾向于一种类逻辑：我们说白马是马，马这个类里面有白马，白马里面还有大马小马，像这样的类的一种结合，用起来可能更顺当。我们还可以把一切都变成颜色，再变成大小或者变成形状，或者变成其他的质料。有很多新的哲学家有时候也认为这个世界就是由一些不同的质料构成的，甚至在现代科学里面，说有二十几种基本粒子，每个粒子都有自己的特性。这样人们会觉得非常复杂。要把它们简单化，从复杂到简单，就要有一个过程去研究它们怎么合成了一种概念。比如说各种物，怎么会从基本粒子，像电子或者原子、核子、质子、中子等，最终变成物的。对这个物，需要一个理解的过程。同样地，这匹白马是一匹马，不管它是白的还是什么，它是马。所以这里面有一个主从的关系，这点在中国来说是有的。中国古人也认识到什么叫作本质，什么叫作本体。它植根于存在之上，能够产生一些不同的状态。

好！现在来说明诸子的这种特色。诸子都是想解决问题的，他们受历史的影响，面对人生的境况，要帮助解决人生问题，解决的不仅是个人的问题，也是全体的问题，既是个人也是整体，这很重要。中国哲学在这点尤其明白。就中国人而言，所谓"子"，诸子百家的"子"，哲学家在这个时代——先秦时代，他们认识到人的重要性，认识到人性的重要性，认识到人对世界和人对他人、对群体的重要性。那么，怎么使人更好地和天地结合，怎么使人和人的社群结合，怎么能够在这个结合当中掌握自己的生命，同时促进社群的存在，解决人类生活的问题？所以，我想说诸子百家的重要性就在这个地方。他们怎么做，他们的方案怎么样，那是针对不同的层次，从个人、家庭到社区，到国家，到世界天下，尤其在儒家那里被明显地表达出来。诸子百家的学说就是哲学。有人认为中国没有哲学，其实中国是最有哲学的一个民族。

中国哲学要义

我把哲学的基本要义跟大家简单说一下。

　　首先，中国哲学起源于观察事件、反思自我这两点。我当初说伏羲事件很重要，伏羲文化很重要，为什么呢？因为在伏羲时代人们能够以养羊为生，在草原上养羊。然后，有多的时间去开辟土地，作为农地来耕耘。所以草原旁边就是农田。在这个过程当中，人们就开始观察天地。人们在草原上可以上观天文，下观地理，这就是人和整个自然的结合，这个结合很重要。这样就慢慢了解到天地存在的一体性和相关性。而且，人们要跟生命发生的过程产生关系，这对人的生活与生产保证具有重要性。因为人类从畜牧走向农耕，就要讲究时间，讲究季节，需要去观察天地变化，这要花很多时间，要深入地去了解。所以，我认为中国古人对天地的了解是很深厚的。可以说，不只看到单纯的一种变化，还看到整体的变化，如天文、地理、生命以及季节，还有很多微小的变化。

　　这些变化是相互影响的，并构成体系。比如说天跟地，为什么我们把它们当作阴阳的两个面，因为阴阳只是泛指这些变化的一些基本的、特殊的性质。比如说阴阳有看得见的，有看不见的；看不见的经过思考和体验，慢慢就可以看得见。还有传统中对动跟静的认识，晚上比较静，白天比较动。阴阳包含了动静，也包含了刚柔等。因为动的时候，力量就大，就叫刚健；静的时候，力量就小，就叫柔和，所以这里就是一种刚健柔和的体验。这就需要细心体验，在整体中体验，在生命中体验，在生活中体验。这很重要！这样的话我们听了之后，才能够经过一个思维过程、学习过程、实验过程，而把它们转换成为生产活动的所谓时机火候的应用。春天播种，夏天耕耘，秋天收获，冬天贮藏，秋收冬藏，这些都是一些自然的持续。

所以，我在这里强调的就是中国的学问都是自然的学问，是生命的学问，是用我们自己的生命来体验自然的生命，自然的生命被用在我们自己的生命当中，来发挥自我的生命。自我的生命和自然的生命是联系在一块儿的。而且还有一种联系，就是个人的生命跟群体的生命。因为你在耕作，一个人的力量很小，耕作是一个文明的趋向，合作就可以产生成果，不合作那就没有成果。所以，我们今天要强调的是群体精神。群体精神就是要群策群力，群策群力才能够分工合作。这点非常重要，后来荀子非常强调这一点。大家也看到，因这一点我们就有一个文明逐渐发展的机制。所以，我们可以从家庭走向社群，从社群走向社会。同时又建立国家，能够面对天下。

诸子百家就是对自然的审美的体验和对人类本身的生命——人性——的体验时产生的认识，包含怎么样去了解，这是认识论的问题。认识的本质和根本则是本体论的问题。看到一个大的发展的倾向又是宇宙论的问题。那我怎么行为，哪种是比较好的行为，甚至于必须区分是非善恶，与人为善比伤害他人、自私自利更好，通过比较就会得到一种道德的价值观念，这是道德生活的开始。所以说中国的哲学就是从自然生命开始，到人的人性、群体性的一种体验。你说中国怎么没有哲学呢？传统历史上就是通过实践生命来创造价值，这就是哲学。我刚才已经非常强调了，这点非常清楚。

所以，"子"就包括很丰富的传统。在文明方面，它代表一个文明的传统，是国学的重要部分。我刚才也说了，国学从做学问来讲，它是文本。但从实践来讲，它就是内涵的生活品质和内涵的生命体验及对自然的观察。

"集"呢？刚才讲了"文"有狭义和广义。我讲的是广义的文，所谓文质彬彬就是一种文明的状态。但是要把"文"变成一种语言，成为合适的表达方式，来叙述人内在的感动，表达某种情感、某种意志，那就是"文"。所以这个"集"，就是允许每个人都能够表达自己。在我们上一代那些所谓的文人、知识分子，还能够写诗。写的诗呢，当然就可以说是表达自己的，诗是表达自己的一个方法。我也注意到，现在大家也开始在对文化的回视当中认识到诗的重要性了，所以很多人也开始用诗来表达，其实，我是很欣赏的，这是一种"国学"。你自我表达，用美好的文字来押韵，读起来非常顺口，或者引申出一些好的概念，这非常好。这叫美文啊！

经史子集是我们国学的重要部分。但是，我一再强调这只是文本方面，更重要的是背后的实质。我们今天追寻国学，从人生的观点看是要找到实质，加上它的文本，要把实质和文本结合在一块儿来表达。文本是历史已经累积起来的一些传承的成果。我们来开发，来更好地遵循，从遵循当中再产生新的文字、新的语言、新的文本，创造新的生活境界，或者发明器具，这是非常重要的。

但是，我觉得过去讲国学是偏了一点，偏文本，偏考证，而对实质的生命接触太少。因为中国的历史悠久，这的确也是一个基本考验。中国那么长的历史，中间有那么多治乱循环的各种问题，大家很容易落入文本的历史之中，而忘记了实际的历史，实际的历史就是实证的感受。比如说我自己是抗战时代出生的人，那么我感受的不是文本，而是实际生存的状态。为什么说外国人侵略中国，中国人为什么受外国人欺负，中国人怎么样自强，怎么样追求，怎么样学习，怎么样复兴，怎么样掌握自己的命运，怎么样能够产生某种价值，受人尊重，成就自己的人格，发挥自己的影响，为国家、为社会、为人群做出一些贡献，我觉得这些就是我们的抱负。所以国学应该从文本走向真实，在真实当中去做，去塑造或者陶铸人的性格，去考验自己，能够做出贡献，把个人、把社群、把国家、把社会变得更好，这就是成就，是生命的成就，是人的成就。这个是天地所给予人的力量，所发展出来的成就，我认为这就是真正的国学。所以我讲的国学是有这样一种哲学含义的。

可能由于我自己从小就对哲学有兴趣，以至后来我把有兴趣的东西就叫哲学。所以，哦——原来这是哲学！同样，我们说：哦——知道有一个名词在西方叫作 philosophy，就是西方所谓"爱智之学"。对我来讲并不是因为应先有什么"爱智之学"这个名词才有哲学。我觉得应先有哲学这个实际，才说西方有相应的一个名词叫作 philosophy。这点我觉得也需要我们去论证清楚，其实中国人都是哲学家，中国人很善于思考。但是他们没有对传统进行深刻的思考，没有对传统文本进行比较的考核考察，或者对文本背后的事件没有进行某种参与，或者对自己的经历没有再进行更好的组合，以至于把哲学看作中国人的心灵之外的东西，听着西方的哲学，就好像是如何自保一样，就以为那是真实。其实中国早就有了哲学。不管怎么翻译，我觉得实际的东西，它可以有一定的名称，也可以一时还没有名称。但在中国来说的话，它并不是完全没有名称。比如说中国早期的"易"，对宇宙的观察我们叫"易学"。孔子认为人就要做一个圣人，能够顶天立地，能够发挥智仁勇的精神，能够追求智慧，追求仁爱，追求勇敢、勇气。这样的人就是圣人。说他是圣人，当然他不只是一个哲学家。他是一个实践哲学的哲学家，而且是实践一个宏大的哲学抱负的哲学家。所以，这也是哲学。就孔子而言，我认为他当然是哲学家。儒学当然有哲学，但不是说就等于哲学，儒学包含哲学的一部分。

易儒释道之学对人生的帮助

同样，对于道学——老子观察天地万物之道的学问，可全部归纳为一个概念的描述：道可道，非常道。这样也不是说不可以，但是不完整；所以又说德，还是要掌握真实。道可道，名可名，主要是最后还要讲出所以为道、所以为名的基本道理。这样才能看出天地之活动是什么，天地之能量是什么，天地之生命是什么，从而成为掌握人的发展尺度。所以，这也是哲学。由此看来，易学、道学、儒学不是哲学又是什么呢？

从中国哲学发展的途径来讲，有的哲学家比较精细，有的哲学家比较开阔，有的哲学家比较高明，有的哲学家比较重视实践。《中庸》说"极高明而道中庸，致广大而尽精微"，当然如果把四项规定能结合到一块儿，就是最好的哲学，既高明、广大，又中庸、精微。我觉得这样一种哲学的评判方法更好。所以，中国是有哲学的。而且，到后来我们为什么接受佛学？印度的佛学，也是经历了人生的感慨而产生的，释迦牟尼通过对生老病死进行反思，经过了四十九天的参悟，达到对所谓佛的认识。佛就是一种体悟啊，Buddha 就是菩提。他发现"我"就是菩提，是因为"我"有内心的睿智，而人能够认识到这一点是因为自己有种认知的能力，这就叫作佛性。所以，这点对中国人来讲还是蛮好的，就是因为能言之成理，而且是有生命体验的。只要有生命体验，能够关切他人，这样的学问，我们中国人是很容易接受的，而且生长之，发挥之，所以佛就到了中国，成为中国文化的一部分。从魏晋乃至隋唐以后，佛教产生了自己的一种智慧，比如说禅学，它是深思性的，直接面对真实，直接追求一种体悟，能够打破很多成见，能够开拓出光明的生命力。其实，这也是中国哲学的一部分。

中国哲学，经过综合先秦宇宙论的阶段，发展到汉武帝时代的儒学为尊，影响到政治，影响到社会。我们这里不特别谈这方面的问题。从哲学的发展过程来讲，我们可以看到隋唐以后到宋明，很明显已经受到佛学的影响。这就说明中国哲学是开放的、包容的、吸收的，又是创建的，所以产生了理学，产生了心学。也许从现在来看，理学、心学还不够开放，那么怎么让它更开放，这是一个"正好"的问题。比如今天在谈西方科学，我们大可以把科学纳入中国的哲学体系中。因为科学本身就是一种自然哲学嘛，是不是？现在每个人都应该去了解所谓科学看出来的世界是什么呢？科学本身就是所谓的真理呀！因为它是实事求是的，是一种面对面普遍可用的，大家可学、可证伪、可证实的学问。这些都是中国哲学的开放状态所引申出来的东西。从这个角度看，我们的国学其实包含了宏大的哲学的内涵。

到宋代，哲学家就很多了，从北宋周敦颐、二程、张载、邵雍到南宋陆象山、朱熹。朱熹是个了不起的哲学家，非常开放，也非常理性，分析入微，我很欣赏他。虽然他也有矛盾的地方，但是他是一个哲学思考者，是一个具有包容性、综合性的思考者。而象山呢，这个哲学家有很大的特点，就是他想让别人来跟他工作。哲学家都是希望别人能跟他对话，来跟他共同研究的。你看我自己，我最喜欢学生提问，你提的问题越难越好，只要不是攻击我就可以。你什么都可以问，什么都可以讲，你可以讲出新的道理来，可以反驳我的，可以说更好的东西是什么，更真的东西是什么。我觉得这是哲学家的一种气量，人类对真理的一种追求，这些真理也最有价值，真理里面包含了善，包含了美，包含了和谐，包含了对自身的时代的认识，这些都是很重要的。所以，我觉得人应该是开放的，有追求的，让别人能够参与到你之中，这对中国哲学的发展是大有裨益的。

后期禅学走偏了，就是明代阳明之后，走入了所谓狂禅。狂禅就走样了！跟当初唐代慧能的禅，以及后来开辟出来的五宗，如青原行思、南岳怀让等人的禅不同。禅追求理还是很严谨的，它要找到一定的规矩，有一定的标准来印证这个真实的存在。就好像我们谈功夫，你功夫多少是练出来的，而不是直接在狂中得到的，假如直接变狂，那就有点乱了。所以，这是历史发展中一个值得思考的方面——人类在追求实现自己当中，有时候会走火入魔，也会偏离发展的大道。

国学的开放精神

整体而言，中国的国学是正道，不是死板的东西。中国的国学是什么？如我们刚才的这种分析，从它的内在来讲，它不是死的一块，而是一个很灵活的东西。所以我强调国学是开放的，是灵活的，是有生命的。因为，它的生命的真实是在背后，不只是在文本。国学不只是文本，这点很重要。国学是要促使人思考、开发人生命的新境界的东西。所以，中国的国学是个动态的存在，具有创造力的存在。

但是很可惜，大家对这点没有认识到。所以要继承这样一个学问，是需要一番抱负的。这一点我觉得是很重要的。今天我们要铲除一些自己未经反思就得出的结论，认为中国没有哲学，认为中国国学是死板的、保守的，只是一种礼教，尽管当代有很多这样的论调，在整个的文化发展过程当中，也的确出现过很多很多的问题。但是，我这次取它的最胜义，就像佛教所说的最胜义。你可以说国学包括什么乱七八糟的东西，可以说这不是中国人的学问，但我指的并不是这些东西。我指的是人类精华的东西，我说的国学并没有把非价值、反价值包括在内。我讲的是正价值，不是反价值；是价值，而不是非价值。我讲的是一种开放，而不是一种闭塞。这是我们关于这个哲学要掌握的正确认识，这很重要。

最好怎么认识国学呢？就从人生开始。人生是追求真呢，还是追求假呢？是要求善，还是要求恶呢？所以，从人生的需要、生命的感受来讲的话，那国学就是生命的反映，就是我们集体生命的反映。通过文字，通过思考，才能丰富我们自己的生命。所以人生和国学是相互为用的。人生开辟了、创造了国学，国学又形成新的规范支持人生，我们要找到这样一种良性的循环。然后，在历史当中能够古今相续，能够掌握这种人我相依的关系，这就是真正的国学。这里，我觉得用哲学的角度来看是最重要的。

和哲学有关的重要的学问就是历史，文史哲这三方面同等重要！我不给大家一种错误的印象，认为我特别指向哲学。由于我刚好学哲学，但是我很尊重史学家，比如说有很多很好的史学家，我的朋友里面就有，他们也有哲思，有的人也喜欢谈哲学。我虽然学哲学，但绝不轻视历史。我对历史非常尊重，有机会也看看历史书，只是时间不多。同时，我要了解西方，特别是关于西方人的文明和他们的哲学的发展。那么，这些和中国哲学到底有什么相关？我们从他们那里可以得到什么好处？同样，我也可以看到他们的问题所在，我们可以给他们什么好处？这样的话，能够促进人类的所谓共生性，一种相互沟通的发展。所以在这里，我研究中国哲学，其实也在观照西方哲学，研究西方哲学，但我更重视研究中国哲学的再创造、再发展。

这里当然有一个历史的因素在里面，这个历史就是近代。近代是比较复杂的过程，所谓西方的学问和西方的价值观的确造成了近代西方人的世界性的存在。他们经过所谓文艺复兴，到宗教改革，让他们有了新的信仰或者活力，然后再到所谓启蒙运动。启蒙运动是受中国的影响，这点不知大家是否了解。我曾经写过一篇文章，认为整个启蒙运动从哲学来讲受到了中国的影响，我以两个人为例：一个是洛克，另一个是康德。此外，比洛克稍晚一点的休谟也受到中国的影响。那是个什么时代呢？17世纪，耶稣会教师到中国来传教，因为中国文明程度很高，他们自己也受到了熏染，想把中国的东西传到欧洲，让欧洲人知道我们在做什么，所以就影响到欧洲。像洛克讲人，讲人的存在的本质，他用到power这个词，power是人的一种力量，让我说是权利或者是权力——这两个词很重要，这个力量可以是权利，也可以是权力。你把它看作权力，那就意味着你要理性地说明这至上的存在是一种权力，是一种power。洛克认识到这点。西方在近代有一些突破，进入工业社会，进入到科学发展的道路。这是它发展前进的重要一步！

我觉得当初影响他们最大的就是哲学家孔子。《中国哲学家孔子》是一本拉丁文的著作，17 世纪后期在巴黎出版，影响了很多人，包括以前已经受影响的莱布尼茨，以及后来的康德——西方最伟大的哲学家之一。在我看来，康德的理性批判、实践批判、判断力批判，这三大批判基本的见解就在于认识到理跟气的关系。这是我对它们的解释，因为我主张我们不是要拿西方来解释中国，为了文明沟通，我们可以中西互释，互释之后才能够互相以为借鉴。康德前半生都在讲这个气学，就是这宇宙变化。中国的朱熹也关心这样的问题——气的问题，突然在五十几岁之后，他又要找理的问题了，那就变成朱子——"凡事皆有理"了。莱布尼茨也说过类似的话，朱熹思想通过传教士影响到西方的启蒙运动。启蒙运动是开放的。我们从启蒙运动这个例子可知，在人类的发展当中，西方是从中国哲学、中国文化中得到很多好处的。

王霸之道与再造中国哲学

今天，当然我也希望中国强大。这里有一个最主要的问题是，为什么西方会有这种不必要的侵略战争和压迫。这是很麻烦的，本来一个理性的东西，你可以发挥，你可以交流，但仗势欺人就不对了。这就是人类要面对的问题，你不能走入霸权，是吧？孟子就说有"王霸之分"，你是个王者，是要教化他人，给大家提供教化。中国的儒学，就是"修文德以来之"啊，我们说"修文德以来之。既来之，则安之"。你来了我还安之，还把你安定下来，中国到底是怎么样的开放心态？那真的就是单纯的事情，一种王道教化。实际上那种仗势欺人，就是孟子说的霸道。霸权最后的结果是怎么样的？他把你征服掉，然后把你奴隶化，这就是大的问题了。

人类在经过这样一个反思的经验之后，要反思能不能走出来。我们今天要认识到自己的错误，认识到人类的正道是什么，大道是什么；认识到人的存在是整体性的，是群体性的，是开放的；不能有一种圈子，不能有一种歧视。这点我觉得西方应该在中国哲学里面去找寻出路。这也是我创造中国哲学，创办国际中国哲学会，最主要的一个原因——我觉得中国的哲学精神代表中国的文化，应该在世界上发展起来。四十多年来的工作，我觉得也没有完全白费。中国近代历史受了很多的负面影响。因为列强把中国瓜分了，侵略之后又有侵略，不断地侵略，这就是最大的问题。不管哪一个族群，哪一个传统，做错了事，就要反思。所谓反身而诚，大家能够携手做朋友，而不能够在反思当中反而说："哎！我这次还不够，还要再加一次。"有人是战争贩子，就说："哎呀！我只是打败你了，没把你完全打败，因为别的你火起来，然后我再来一次，这一次我要把你打到不能翻身！"这都是很坏的心态。我是不能理解的，我觉得人不应该有这样的心态。你犯错，你要反省，有过吾善改，孔子也说过这样的话。但对这种大过呢，就要有伟大的哲学家、伟大的思想者、伟大的历史学家指出来，当然西方也不缺少这样的人才。

对中国人来说，我们面对的是复兴的问题，即所谓愈合自己的伤痛，重新整合自己，慢慢把我们的精神整合起来。整合不只是为了自我，而是能够兼济他人，兼善天下。因为痛定思痛，我们不但不希望别人欺负我们，也不希望他们欺负任何人。我们期望一个和平美好的世界，这就是中国人的理想。所以当初儒家提出大同思想也绝不是偶然的。因为在春秋战国那样一个时代，大家会感觉到"我不但希望我自己不要受伤，也希望别人不要受伤"。这个就是"己所不欲，勿施于人"。不仅希望每个人都是"己所不欲，勿施于人"的，或者自己这样还不够，还要大家都做到这一点，大家更好地去创造一个美好的、和平的、繁荣的世界。你要把自己的复兴善及他人，能够"己欲立而立人，己欲达而达人"，就是说我想站立起来，我想避免这些灾难，我希望你也能够站起来，能够避免这些灾难。当然也表示说，我也愿意帮助你，使你能够避免不必要的灾难。你希望有好的目标，有好的目标自然希望去达到；那我也希望你达到，也能帮助你去达到。这种精神，我觉得是了不起的。所谓"兼济天下"，就是兼善天下。中国人不是独善其身，因为我们很早就认识到了群体的重要性。

　　这里还要说明一点，中国的忠孝之道中，最重要的是孝道。我指导的一篇博士论文就谈到宇宙的孝敬精神，因为孝道是宇宙性的，是对生命的尊重、对生命的敬畏。所以我们要关注宇宙，养成很好的习惯。我们对自己要严谨一点，让我们不会因为自己的无知、愚蠢而带来灾难，这点很重要。人自身并不坏，很多问题也不一定是他故意去求恶或是害人，但是因为无知、愚蠢、懒散而造成失误。这样的话是很危险的。所以孟子说"君子不立于危墙之下"，这个墙快倒了，你明知道墙要倒了，还在下面，那不是自己作孽吗？假如我们做事情，哪些是可以做的，哪些是有害的，前因后果考虑得很清楚，掌握得很清楚，就会避免很多弯路，也会避免不是因为我们的主观意愿而产生的伤害，这点是很重要的。

　　这也就是今天中国要加强发展生命力量的重要性，这种重要性就是中国哲学的再造。以前在交通大学做讲座教授的时候，我提出这样一个说法，很多朋友都很支持。不一定只限于哲学领域的朋友，他们也看到了再造中国哲学的重要性，这就是我所说的中国文化复兴的一个重要部分。

自立立人与世界共和

　　再总的说一下，今天我们由人生谈到国学，又从国学谈到人生，所以必须明白两个层次的国学：真实的存在和文本的存在。我们要通过这两个方式，于国学当中充实我们的人生。通过体验，把它变成可以传承的文本或者事业，这就是人生的目的所在。尤其是今天我谈到这个观点，我说中国要复兴，不只是要为自己复兴，也是为人类文明的复兴打下一个基础。

现在，需要我们的年轻人去面对三种要求。一是你对自己负责任。怎么做人？中国哲学家告诉你，做人要有正确的生命观、宇宙观。二是要面对自己的家国、群众来复兴自己的文化，掌握其优点发挥之。这是我觉得最重要的一点。三要为家国、为天下做些什么。因为我们越来越了解，人的存在是整体性的、群体性的，刚才已经说了。所以，今天我们要有一种宇宙精神、天下情怀，来为人们做些什么。

其实，宋代张载就已经提出来这个想法了，他是很了不起的哲学家。他也观察宇宙，然后能够开始思考人到底做什么。张载有四句话很有名，也算是我结束语的一部分吧，他说："为天地立心，为生民立命，为往圣继绝学，为万世开太平。"这四句话呢，其实包含了我今天所说的，这是有关国学的传统。也可以说，他讲的这四句话实际上是很实用的。当然，我们当今的哲学对中国国学传统有新的认识，我觉得可能要补充一点。他不是说"为天地立心"吗？很好！什么叫"为天地立心"？那就是说认识到生命中一个重要的发展的意愿、一种初心、一种动力、一种促进啊。所以，"为天地立心"要掌握这个天地创造性的秘密，要立这个心。这个"心"是什么？"心"是有意愿相信，人有发展性。"心"是具有发明力、想象力的，所以要为天地立心。宇宙的方向在哪里？宇宙的道是什么？有这样的认识，然后才能够想到大家，进一步想到人类，你要认识到"为天地立心"的目的就是能够为天下之民，为人类整体尽一份心，使人们共同进入善境，避免诸恶，避免凶险、灾难。我们假如不做这样的努力，那灾难就来了。大家需要自己慢慢体会这个意思。

但是，我这里要说一点，可能还有一个前提。这个前提就是儒家强调的，为个体、为自己"立心立德"。我觉得这个"德"很重要，立"德"之后，就会更好地掌握到一种外在的价值。所以，是不是应该把这个意思也包括进去？为个人，所谓"古之学者为己"，为己就是要充实自己，要学习，要开放，这就是"大学之道"！基于《中庸》的思维就是"天命之谓性"。这"性"怎么实现，怎么修身成己？那就是要更为自知，要展开胸怀去认识世界的真理。这跟易学的初心也是相同的。掌握天地心道理，然后才能够为往圣继绝学。继绝学就是我说的文本的传承，当然不只是文本，还包括文本所代表的那种精神。我们要认识到这点来丰富自己，才能够更好地去发挥我们自己。所以，他这里把目标说清楚了，价值内涵说清楚了，然后来一个为往圣继绝学。最后，做了这些之后，就是为万世开太平。国学的内涵是普天下的，是兼善天下的，是对世界、人类的发展，对人和其他存在之间的关系的发展，比如，不但对所谓天上的这个星球，而且对地上的动植物，我们都要有合理的关心、对待，各得其位，那么真正的太平就会出现，所以为万世开太平的含义很深。从立德、立心、立命、立学然后至天下之太平，就是我们走向中国哲学最重要的发展。所以在这里，这四句话可以作为我对大家的一种鼓励吧。

总结来说，我今天讲的是国学与人生。国学是中国的学问，其内涵丰富精微。但是今天缺少传承，缺少传承就缺少创新。我们需要年轻朋友自愿去追求，这种追求是非常重要的。在世界的学问里面，做最基本的最根本的追求。这是我们今天强调的国学的重要性，它的这个含义之所在，国学并不排除真理的学问。假如我们只是讲西学，那就不够了。其实，国学可以包含西学。同样，讲人生，我们的人生难道不包含其他人的人生吗？我们跟别人交往，别人就成为我们人生的一部分。所以我们的人生也是开放的。这不是指经济上的问题，不是指社会的问题，而是指心灵的问题、精神的问题。所以如果通过国学掌握人生，那么我们就要认识到国学这个载体所显示出来的真实的人生实践。同样，我们就要真正地认识人生，真正地善待人生，了解生命的意义何在，那我们就不能不重视国学的内涵。因为，我们自己从本身的意志去初步地体验、观察，人的生活不应该是空洞的，不应该是无知的，不应该是自私的，而是要开放的，追求一个为人们所能够共同享有的价值世界。

所以，今天我们讲国学与人生，或者人生与国学，这是一个世界的学问。不但是生命的学问，还是世界的学问，是人类整体生命的学问，是世界共和的学问。我希望大家抓住这一点。当然我这句话最主要的意思就是大家应该发心，应该去追求这样一个东西。因为，我们好像都在追赶别人，而不追求自己。其实，自己有这么好的东西不追求，可惜了。今天正处于中国文化复兴的一个高度发展的阶段。正好我们去开发，你掌握国学作为人类发展的一个机制，这个功德是很大的。所以，今天我们鼓励大家正视中国的哲学，正视中国的历史，尊重中国的人文，一个具有多元的生命的含义的人文主义，从这个意义上也可以说是提出来了。

小结答问

问：现在是一个反哲学的时代，因为哲学有一个含义，包含了一种形而上学的玄奥，或者是一种虚无的内涵。这个形而上学，当然就是道，到底是个什么东西呢？科学是否就应该反形而上学？

答：这点我持不同的意见。其实形而上是看不见而已，

《易传》里面说得很清楚："形而上谓之道，形而下谓之器。"看得见的是器，看不见的是道，其实道是器的基础，它是整体。比如说今天我用眼睛看世界，我吃东西用嘴巴，我走路用脚，那背后有没有动力啊，有没有看不见的东西啊？我今天睡觉，明天起来还得醒过来。那是什么力量呢？所以看不见的和看得见的是一样的重要。这看不见的，只要它是实在的、真实的，就没有什么不重要的，而且是非常重要的，是根源。对我来说形而上学实际上就是本体论，从本体里面产生宇宙，从宇宙里面产生人，这个本体是根源，根源是一种能量。在精密的发展当中，它显示出一些精微的个体。从一个看不见的东西，产生了基本粒子的概念，从基本粒子产生原子的概念，从原子产生分子的概念，从分子产生物质概念。我们的物质宇宙来自一个看不见的世界，并不是不存在，而是存在得很精微。所以，这点我觉得很重要，我们的世界是一个很高明的世界，极高明而尽精微，就是这四样东西嘛——精、微和广、大；广大的就有了精微性，就呈现出一个广大的时空宇宙，同时也成就一种不断发展的生命力量，包括灵性的人的存在，然后达到中庸之道的运行，能够创造出价值。

在现代西方，他们的哲学思考发展到一定的程度，就把科学和形而上学对立起来。其实，我是不把二者对立起来的，科学的形而上学，也是科学的。比如说一般相对论、特殊相对论、量子力学，讲的都是些看不见的东西，但它们跟科学不是对立的。这就是把自然哲学变成科学，通过科学方法观察实验，来掌握具体的情况，来量化。今天我们究其终极，又必须掌握更根源的东西，我想东方哲学家和西方哲学家都有这种认识。但是现在的哲学家呢，可能他们反而把科学当成实用主义的工具。这种工具化只是在一时而不能够久远。所以，我们今天要认识到本体学甚至形而上学，是我们传统学问的重要方面，也是人类追求存在价值的重要前提。

问：怎么样能使博学发展到"理"的状态？

答：这个问题比较简单。《中庸》说"博学之，审问之，慎思之，明辨之，笃行之"，它是一贯而下的。你博学，你不问那也不行，就没办法成为理。博学能够成为理，是因为你能够提出问，同样提出问——审问，又须加以慎思明辨的功夫。有人说："哎呀！你回答我是怎么回事！"没有自己思考就脱口而出。思考之后有些是需要区分的，怎么区分？层次不同，范围不同，有效性不同，内涵不同。这些都是我们需要去分辨的东西，这样就会得出一个规则的结论——行为方式。那你说"知"是干吗呢？所有的知都涉及"行"，我要进一步发挥才能讲清楚。因为"知"本身就包含"行"的主张、意愿了。"行"就是基于这个"知"。所以这就好像"道"跟"器"的关系。这个"知"是一种道、一种知道；"器"就是一种思行、器物嘛。思行，人是动的存在；那人要从静而动，从动而静，要动静合一。所以这种连续的过程中，博学经过审问、慎思、明辨、笃行后，就会掌握到"理"，掌握到规则性——内在的规则性。这种规则性所存在的个体的条件，那就是气。所以，"理"跟"气"都可以经过这个过程。气有理的规则，理有气的支持，都是整体的，人的发展、生命发展的一种力量。

问：什么叫有为和无为？

答："无为而治"或者"自然无为"，《道德经》里面说的。但是我曾经有一种感悟，就是自然有为的可能性。其实，所谓无为有为都应该是自然的，生命出来之后，就要有运动，它像小孩一样蹦蹦跳跳，你说它是无为吗？它是有为，它在做一个动作，这个动作有目标吗？有目标和没有目标。往往无为跟有为是一件事情的两面，就好像有时候一件事情是无心跟有心结合在一块儿一样。当然我们主要的目的是要做深刻的思考。为了大家的利益，为了全体的未来发展，我们就要确定出来我们的意愿是什么，我们的目标是什么，这就是管理的问题。那么当初也提到了这样一种问题。当然无为是生活当中的一种行为，它本身包含了内在的有为性。同样，有为性也可能是一种无为的解说。比如从意识状态来说，有些无意识的东西，我们自然去做它们就叫无为。而对一些有意识的东西，我们追求它们就变成有为了，孔子是讲究有为的。我们经常用自己的心理，用心的能力去实现美好的理想。道家的人认为听其自然，一个植物或一棵树要在森林当中能"听"天机、气候的变化，而且能实现这个自然。但这个自然呢，它也有价值。这个价值是道家的深刻认识，是道的一部分。这点我想是很重要的一个认识。

问：学习经典对人类的情绪有没有帮助？

答：学习经典对人类的情绪有没有帮助，我想这不是一个基本的问题。因为人类很多时候就需要对历史和所谓"前车之鉴，后事之师"这样的事保持记忆。即我们不是说每次都要自己受了很大的伤，才能够记住；就算受了伤也会忘掉，又重新犯错误。我们的错误要通过历史的研究和哲学的反思，才能避免重犯。因此，我们讲说人的修养的问题就在于能够通过历史的借鉴认识和哲学的思考，来潜移默化影响我们的性格、我们的行为方向。虽然有时候也会失控，但我们应该不断去自我追求。我们犯的错，就要承认，要改过。所以孔子有句话说得很对，"不迁怒，不贰过"，这很重要。这些都可以从经典里面得来。前人的思想、前人的教训会给我们一种认识。不迁怒，不会因为自己情绪不好，就会对人不高兴，对家人不高兴，对亲人不高兴。不贰过，已经犯过错了，我不会再犯错了，是吧？我要承认错误，我要改正自己，我要对人很好，永远要有善良的意志对人。这些也是个大问题。历史告诉我们，国学中的经典也告诉我们。所以，我想这是非常重要的，把文字、历史、回忆、思考变成我们内在的一种控制、一种自我管理的能力，这样我们的情绪就受到很好的控制，就不会随时产生问题。这点我希望大家能够有所了解。

国学的作用很大。像刚才说的，不但是文化的学问、人类的学问、生命的学问，它还是自我修持的学问，也是自我管理的学问。对管理学，对所谓管理哲学有很大的帮助。你做企业家也好，你做实业家也好，你必须有国学的修养来改变你自己，然后来改变你的环境，创造好的环境，为更多的人、为社会的福利，创造好的环境。这是我个人的认识。

国学具有一种内涵，主要是指经史子集、文史哲。从今天看，它还包括本体学，包括一个知识结构——我们叫知识内容的，包括伦理学、伦理价值和道德哲学——道德的价值。它也包含有关任何人类主次方面的一些能力，包括所谓管理的能力、经营的能力、经济发展的能力、处理环境的能力、处理灾害面对困境的能力。它代表一种智慧、一种生存的智慧，国学的生存度就在于你是不是参与了其中，掌握了其中的一些机制。我想这就是通过学哲学对国学的一种认识吧。这种认识我觉得是很重要的。

当然这里还有很多话题我没办法展开。今天，能够有这个机会和大家见面，这也是一种现代技术意义上的见面。虽然我看不到你们，但是你们看得到我。或者说我即使能看到你们，你们能看到我，但并不是那种直接谈话的面对面。这要用我们的想象力。所谓"海内存知己，天涯若比邻"——我们现在能够彼此心心相通，虽然是远在天涯，但是近若比邻，要有这样一种心境。人类即使发展到太空，还只能是人的一体，这个很重要。假如我们走到"近在眼前，远如天边"的境地，那问题就很大。所以我们今天要诚心诚意地发挥自己内心的这种开放的修养、对人生的价值的追求，在古人的生命经验之中，去掌握我们自己的生命经验，也去开创一个生命的世界，让后人受益。这才是真正的兼善天下，兼善未来。

第二讲

如何学习国学

上一讲的题目是"国学与人生"。我当时强调的是什么？就是国学来自人生，人生决定了国学的基本内涵和它的发展。但国学是一个庞大的体系，涵盖长期的历史，是中华民族长期发展的学问成果。它的空间也很大，当初孔子说南方北方，其实也涵盖东部西部，这都是需要去认识到的。这说明国学是一个发展中的学问，它有长期的积累。

我现在要强调：国学是活的学问，不是死的学问。这个意思是说，国学可以凝聚成为书本，可以成为文献，可以成为考古资料；它也可以成为精神修养、价值观、哲学思想、思维方式、生活方式、行为方式。现在对国学的一个错误见解就是把国学看成只是书本，只是材料，只是考古资料，只是所谓的故纸堆、断烂朝报。事实上，国学是活的学问，代表生活的活力，代表生命的境界，是一个人成为人的修养。所以你必须从这个角度来看国学，不能认为国学只是历史的一个沉淀而已，而不知道国学具有发扬的活力。我是从长期的思考、长期的感受来讲国学的，它确实是一种运动、一种行动、一种活力。这需要强调，因为当时把国学概念看得太死了，很多老一辈的人，尤其是清代以来的学者，他们把国学搞成了所谓考证。不是说不好啊，考证训诂是有它的价值的。但是国学不只是考证，不只是训诂，我相信有更好的活力来呈现。因为它代表一个成果，然后把成果再变成一个行动，行动再变成一种活力，形成一个动态的过程。

　　清代之前，我们还有所谓宋代的思考活动。宋代之前还有唐代，唐代也代表一种生命力，在政治上、经济上都很有活力。再往前走是汉代，汉代再往前，到夏商周三代，它的精华都在那些地方慢慢形成一种动力。我们要把这个东西抓住，就是把这个历史的动力、生命的活力、人格的张力抓住，作为国学的内涵。这些所谓故纸堆、考证资料，都是见证，是沉积，它们不是国学唯一的载体。这个载体还在于人的自身，你要成为国学的载体。这些故纸堆有什么用处呢？它们是沉积，内在也有活力，是潜在的能量。木头怎么产生热量？水怎么变成蒸汽？一块矿石怎么变成一个精致的形象？物质的东西怎么转化成为生命的精神的能量？这个很重要。世界是由物质和能量组成的，不能只讲物质不讲能量，物质是能量的基础，但能量是物质的动力。所以，国学如果从人生的发展中拿出来就很简单，这就是华夏民族长期开发、行动，用奉献牺牲所形成的一种历史的活力，然后大家遵循这种活力的价值，这就是文化。它的成果，是在那个文化的成果之下，我们看到的其实是一种"文以明智"的文明。

现在我讲三样东西：文化、文明，还有一个叫文德。"远人不服，则修文德以来之。既来之，则安之。"这是《论语》中的话。"文德"就是把这种精神整体贯注成为我自身的一种行为力量，能够求善、与人为善，能够充实他人，能够创新。我的制度、我的行为有种价值的动力。你可以说我这里讲的是"三文论"：文化、文明、文德。面对古代的这些资料，把它们再造成新的资料，文化是整体的活动，文明是成果，文德是基于我身上的那种既是文化又是文明的东西的一个表达。如此，人在这里的地位就显得格外重要，这是中国的国学的一个重要意义。人很重要，人的自我教育很重要，人要有志向很重要。所以国学来自人生，是从这个意思来讲的。因为它是我们中国人的学问，它来自中国生命的体验、中国生命的活力、中国历史的发展、中华民族的结晶。这点我觉得要认识得很清楚。你看我们中国历史少说有五千年，在我看来至少是八千年。从伏羲开始到黄帝，到尧舜禹，再到夏商周，然后一路下来风风雨雨到今天。因为时间太长了，当然可能就把它只看成一个死的学问，如同一堆矿石。

但是我们现在打通历史，这些材料还是好的，要把它化成我们原来的动力。这个底蕴体现在我自己身上，让我成为中国文化、中国文明、中国文德的一个代表。这是学国学的一个要点。

怎么去学国学呢？对于这个问题，我会比较具体地回答大家。

为什么"不得其门而入"

起初，国学来自广大深厚的中华民族的历史人生或历史生命。这决定了我们的学问就是人生，就是国学。国学又会带来新的人生，那就是我们。现在大家"不得其门而入"的原因是什么？是因为基本上把国学跟"我"划开界限了。

今天怎么学国学，怎么把来自人生的学问再转化为人生？这里我们要强调的是思想的活动，行为的活动，生命的活动，追求价值、维护价值的活动。要认清中华民族的历史文化具有的灿烂的内涵，要认清它的经验和精华。我们怎样把精华提炼出来？提炼矿物会有一些杂质，那就把这些杂质丢到旁边。我们要提炼出它的精华，中华文化聚集了这么多好的东西，经过我们的提炼那就变得更好了。一代一代地提炼，一代一代地提升，对人类的贡献就更大了。我们要把它变成我们的志向，也就是中国国学的一部分。我们志在为仁，志在帮助他人或避免人类不必要的彼此伤害，找寻生命的光明大道。这是我们学国学的理由，这是很重要的。具体的知识的活动、行为的活动、思维的活动，都是国学的一部分。

人生造就国学，国学又造就人生，这是一个反哺的阶段。

简单来说国学要学，但是要学什么东西呢？要学到它包含的价值、意义，以及它对人的定位。比如说你怎么做一个人？做这个人，不是说和别人交往的时候的人，而是说你要维护你自己作为一个人的潜力的自我实现。一个人的生命意义何在？国学能够转换成为实现人的生命意义的一个工具、一个基础、一种资源。因为人本身是天地所给的一种自然的活力，他是活的，他的目标就在于要把死的东西变成活的。他需要滋养，他要变成一个更理想的存在。这是我们必须有的信心。人不学，不知过；父不教，子就没有方向。在这个教训上，中国有很多说法，就是强调人要回馈历史，回馈我们文化的资源，来更好地发扬光大我们的文化，成为人的价值，把潜力转化成为实力。这个实力可以有很多种方式表达，比如说你身体很好，可以参加奥运会比赛为国争光，或者写一本很好的书，做一个学者，也可以作为一个工程师、一个医生、一个发明家、一个思想家。你要抓住要学的东西，你要知止，要知之以明，要强调活动的方向和努力的重点所在，这和你的志趣有关系。

国学也是一个天地——国学天地。在这个天地里面你可以成为自己所要成为的有价值的人，不能限制你成为一种人，而是成为多种人，多种人就有多重功能，为社会发展、为人类发展、为文明创造做出贡献。培养这种人就可以说是国学的重点。所以在这里讲，可以从两个角度看：第一个角度是从个人看，要找寻一个有价值的方向，你要做什么，什么能使你的潜力成为实力，不但可以找到你的职业，而且能做出贡献，这就是你的价值，是你自己在社会的定位。第二个角度就是从文化的发展来看，国学是发展文化的基础，体现出已有文化成果的优势。积极发展它，使它变得更好，能够有开放的态度向别人学习，达到学习发展的双重目标。

了解这些之后，我们就可以建立自己的标准、做人的标准。为什么做人？为己之学、为己之道是什么？我应该做什么？我应该知道什么？或者我能够知道什么，我的生活目标是什么？我是人，我是怎么样的一个人？我怎么和同类相处，我怎么和世界环境相融，我怎么能够激发我的动力，带动世界社会的发展进步？这是从社会层面来讲。无论是从个人的价值实现、理想追求、人格创造的方面，还是从社会的发展需要方面，一个国家也好、一个民族也好，它的发展都需要一个定位。你只有贡献才能够受人尊重，才有历史的定位，这个位置是你争取来的。在空间里面有个定位，在时间里面有个发展。时间、空间本来就是发展所需要的东西。我们从这个角度看，从个人来说，从社会来说，甚至于从全人类来说，国学的发展非常重要。

首先你要怎么学它？现在大家都会注意到了，我怎么学它。我们今天所学的国学是分布在正统教育和自我教育之中的，我认为是这样的。正统的教育中也有国学的成分，首先它的语言就是中国人的语言，它的基本概念也有来自历史的，也有与时俱进的，在我看来也都算是国学的一部分。我们采取一个整体主义的立场，整体主义包含了万象。我们自己要把它捋一遍，成为自己的东西，成为自己的结晶。

我要学习，我知道要找寻标准，我充实，我谦虚，去了解我是一个什么样的人，我有什么能够贡献的，我有什么拙见、新看法请教其他人，而且不耻下问，对比自己小的人你也可以去问，"三人行必有我师"。学习国学仅仅读正规的教育，我觉得还不够，还需要自己去从一种不正式而又正式的生活进行自我教育。我们不能够浪费自己的时间，每天要去学点什么东西，知道历史，知道价值所在，然后去充实自己的生命力。这里有个很重要的成就，比如你学习打拳，学习功夫，慢慢就会发现你的生命力会呈现出一种主体性，你自己就是你自己，形成了自己的存在，这个很重要。你自己形成了之后，就是说外面已经有很多被你慢慢吸收的气氛，外面已经有一个世界，你在这个世界之中，可以说是第一个成功。你可以让世界成为你的一部分，你成为世界的一部分。你加入这个世界，这个世界包括历史的世界、生活的世界、价值的世界。你把自己的活力摆进去之后展现一个新的世界的面貌。你也可以创造一个世界，让世界属于你，你也属于世界。这就是我说的发展的两个基本程序。

学习国学的思维、方法及境界

学习国学有没有比较具体的方法呢？当然有，传统强调做学问，博学多端。《中庸》里面说"博学，审问，慎思，明辨，笃行"，学是一部分，还要思考，要辨别，辨别是非善恶，辨别利害。所谓"义利之辨"，这种辨别能力很重要。要发挥自己的辨别力、知识力、判断力，追求价值标准的判断力（当然这需要种种学问成熟以后）、批评力、创造力、建构力。然后要实现，要身体力行，自我实现做出榜样，这都是学国学必须强调的。

我总结一下，国学的体系是一个天地系统，具有外在的支持、对天地的支持、对人的支持、对行为规范的了解、对真善美的了解。当然人都会有一些好的东西，就像《孟子》里说人生来就有四端。天地对我们应该是不薄的，它给了你原始的资料，给了你一个善端，你就需用自己的活力、思想力、实践力去培育那个"端"，然后使它成为发展的力量。总的来说，学习国学在于发展成为一种价值体系、一种思维方式。这个思维方式可以说是多头并进、主客相应、知行合一、整体统一的。学习国学，要正确地了解国学，它是充实自己生命、实现自己对社会发挥作用的意志行为。当然它需要修养，需要修持，钱穆先生把它叫作境界。修到一定程度就有这种境界，你的眼光跟别人就不一样，你生活的品位也变得不一样。修养这种境界，在儒家来说就是所谓修身，修身就是成为带有价值的人格。

这就涉及当初儒家提出来的"自天子以至于庶人，壹是皆以修身为本"。修身的内涵一定涉及从古到今，至少从所谓的圣贤时代，比如说尧舜禹时期总结出来的一些经验，到我们现在这个时代的认知。很早时候就已经有了"六经"，国学到后来的形态就是以"六经"作为符号。它是一套语言符号，实际上也是一套思想符号、一套价值符号。所谓"前事不忘，后事之师"，我们应该感谢孔子，他把古代的智慧、知识、行为规范、前人之言，整理起来形成了"六经"。大家知道我们现在所说的是"五经"，因为《乐经》已经失佚，但《礼记》里的《乐记》已经有所代表，对所谓音乐美学我们还是会了解的。这就属于一种基础，文化是逐渐形成的，就像我刚才所讲的文化、文明和文德。"六经"产生了什么呢？产生了一套语言、一套概念。概念和语言是一而二，二而一的。当然，也有人说可能概念在前面，有人会说语言在前面。在我看来，它们是密切连在一块儿的。有语言和概念，加上过去的文化和文明，或者是一种活力、一种善良的意志，然后把它写成文本，就变成了我们的"六经"。所以"六经"是这样来的。

我现在没有时间和大家细细探讨"六经"的个别来源。但大体很清楚，"六经"代表了我们各种不同的生命方向。简单地说"六经"代表了当初以诗为书的情感。那情感也有好的情感和坏的情感，它能够启发人，能够表达人性，能够造成人的新的反思。《诗经》就是这样一种情感的表达，比如说像"关关雎鸠"，还有对天道的"维天之命，於穆不已"的发展。但是这里大家提出了问题：我们应该怎么体验呢？我已经说过了，学而后思，思而后学，学而思都基于对外在世界的观察。

我有一个重要的认识，也经常跟学生强调，就是要能够观天察地。这个"观"就是近观、远观、长观、短观。观，是心理、心灵上的一种能力，能够看这个世界，看到很深的层次。这就是观思、观学，观而学之、观而思之、观而为之。"观"是和世界交往最起码的起点。这个起点可以让你的主观世界和客观世界有一个沟通交流，让世界上的东西、历史上的东西进入你的内心之中。你"观"之后行为就表现出来。所以要观其行，听其言。看是观，听也是在观，我们的五官都是用来观的，观这个世界。所谓一部《易经》观天下，这个

"观"很重要，它是外在的世界对人类的一种影响。那《诗经》呢？它是用来表达的，"诗言志"，观天下之后表达自我。

《易经》之所以是群经之首，因为它是最开始、最早的一部。我个人认为，从伏羲开始就在观天下，观天察地，得到了一种思维——天地思维，形成观察天地的符号体系，再来把它反馈到对人的理解上，然后再来审视未来，解释未来，预测未来。这些东西都需要长期积累，不是一蹴而就的。好像说"你观了天下你就知道天下了"，没有，"千年观"也不算什么。你就说中国人，我们观天下已经观了八千年，我们有深厚的智慧。而很多民族只有三百年，三百年里他们观什么呢？所以他们的境界不够高啊！他们的修养就不够深啊！对不对？这就很明显。还有很多欧美国家都是这样的历史，它们没有那么深厚的观，没有观想、观察的体验。实际上，一切都以"观"的经验作基础。人只有把"观"深入体察、体验、内在的经验反思上，才能够修身。因为这样才能知道什么是对、什么是错、什么是好、什么是坏，这些短期是看不出来的。所以中国的历史对于人类之可贵，在于它是一种持续的发展的文明体系。它的智慧是不断在充实，不断在进化，不断在发展的。我们作为中国人，难道不能够更好地去发挥它吗？这也是我们的天职，是我们的责任。实际上是对自己的责任、对社会的责任、对世界的责任。所以我们学国学有这样的动机在里面。

好，我们回到"六经"来继续说，《诗经》后是《书经》，《书经》是历史的记录，它也形成了文本。《礼记》是对我们行为的规范，也形成了文本，还形成所谓的"三礼"，很复杂——《仪礼》《周礼》《礼记》，孔子自己或者是孔子的学生对礼有种新的认识，把礼作为创造性的制度来看待。最后，当发现《易经》是最具有开阔性的、深厚性的、宇宙性的认识，它就变成了群经之首。因为第一它包罗万象，第二它为所有的学问打下了基础，所以大家用它。虽然到后来《易经》变成了一种民间的技艺，但那个不是重点。《易经》主要是建立对天道的认识。有人说你是怎么知道天道的？观！观天察地！在长久的观察以后，你就会发现天地的运行有一定的规则，历史的发展也有历史的规则，生命的发展也有生命的规则，健康的保护也有健康保护的规则，丝毫不可以歪曲。所以《易经》很重要，它是群经之首，就是这样形成的。

当然还有《春秋》，孔子一辈子就是在观察天地，观察人生。就像"观卦"里面说的："观其生，君子无咎。"他将观察完成之后得到的认识，写成了《易传》，就变成了一个整体系统的天地学问。用现在的话来讲就是本体的学问、宇宙的学问、生命的学问。《易传》的内容，可能就是对符号体系的重新认识和应用。但孔子不只做这些，他要对历史负责，所以还对鲁国的《春秋》来做一个评点。这也是很重要的，因为历史本就是彼此要负责任的。所以后人可以来说前人，一定都要根据一个标准、一个事实、一个体验、一个深入的看法，这里就能知道孔子作《春秋》的目的了。作《春秋》记录古人的好坏，当然也会得罪很多人，但很多人也知道这是必要的。为了未来的发展，对古人的好坏，我们也要指出来。我们要学好的榜样，不能够学坏的榜样。这就是我说要发展文化的精华，而不是要保存文化的糟粕的原因。有了标准在历史上我们就能看得出来是非、忠奸、善恶这些差别在什么地方。《春秋》的精神就在这里。人的顶天立地能够发展到这一步，孔子的修养能够到这个地步。你没有这个修养，就不能够随便地不负责任地发言。《易经》强调"德要配位，位要配德"。那么这就涉及言和人，人可以说很多好话，但人怎么样，我们还要另外去考察，"人不废言，言不废人"，这都是中国哲学的一部分。这些都包含在里面，上次我也提到了，所谓的经史子集，国学有经学的一部分，也有史学的一部分、子学的一部分和集学的一部分。

那这里可以说有一个引起大家关心的问题：你的学问这么大，你能不能做到？可以做到。并且我再次强调说你也可以做到。因为你要观察天地，还要有诚心。有没有诚心？有没有把世界看得很重要？有没有敬意？所以我说你有观能，有诚心，有敬意，端正了你的态度，这就有基础了。像孔子创造"六经"的那种精神就出现了，你就可以做一些很好的事情。要学国学，就要往这个方向走。

从"六经"到"四书"及三教合一

　　那么"六经"之后的"四书"呢？它代表了儒家的经典，进一步总结了孔子的学问。"六经"是孔子对过去历史的学习，对过去哲学思考的认识，然后自己也创作一套东西出来。所以了不起呀！因为他也向别人学习，《史记·孔子世家》已经说得很清楚，孔子从小就丧父，后来又丧母。他就不断学习，到五十一岁他就能够做到一个政府的行政官——中都宰，又经过司空、大司寇，成为宰相。所以他是从学习中得来东西，他是一个有学问的人。那个时代还没有所谓固定的教育方式。孔子的弟子们也是自我学习，自我观察，自我体会，把古代的东西学习进来。然后自己再讲学，把它概念化、语言化、文字化，最终形成了现在的"四书"。你看《论语》是对话语录，孔子不是随便说话的，他一说话就肯定是有道理的，一说就说到我们的心坎里面。因为他有一种指示性、指导性。他不是说了他想说的，而是在点明这个情况应该做的事，或者在一个情况的特殊点说话，所以他的话有种照明的作用。为什么《论语》有经典的作用？所谓的经典就是经过很长时间的观察，经过那么多弟子的学习，大家就自然而然认识到它的价值所在。不是所有的文本都能称为经典，经典文化是一个长期发展的过程。从《论语》到《孟子》

也是一个发展，然后到所谓的《大学》《中庸》，但从历史发展来看则是《论语》《大学》《中庸》《孟子》，这里有很多次第的问题。

　　学国学，我们要把很多次第分开。像朱子，他强调《大学》《中庸》，然后《论语》，《论语》之后是《孟子》。但历史的发展顺序是《论语》《大学》《中庸》《孟子》，这个意思是说"四书"的发展是可以有一个共同的起点，有不同的进路。用现在的话来讲，比如说《论语》接近全面的生命哲学、生命伦理学、生活伦理学。《大学》接近政治哲学——具有大同世界眼光的政治哲学，也是一个人格的修养哲学。《中庸》呢？具有对天道的认知、人性的确定，"天命之谓性"。那这里大家就会提问题——天命是什么？人性是什么？你成为一个哲学家，这些都需要慢慢思考，慢慢学习。成为一个哲学家，成为一个思考者，你就会看出来它们的重要性，或者是说在哪一方面，可以有一种更好的眼光、更好的见解。但它们作为提示，作为精华的表达，是需要我们欣赏的。其中重要的观点是，当你还没有能力，还在发挥潜力，还没有成为一个体系的时候，就不要随便地说这些东西没有价值，它是需要你有层次地去发挥的。我们要掌握它们的高明处和细微处，它们的普遍性，也可以说是普及性、推广性。

　　有人问"国学里包不包括道家和佛家呢？"，这要从历史看。中国强调的一些所谓原始的经典是经书，我们把它们统称为经，是因为它们具有价值标准的指导意义。我们也强调历史的重要性，从历史里面去学习人生的道路，不管在政治上面还是在个人生活当中，或者是从社会的需要来看。关于这个问题有不同的见解，个人认为国学应该有道家，也应该有其他的诸子百家，以及后来引进的佛家。从中国易学的角度来看，世界是开放的，是变动不居生生不已的，显示出了活力的普遍性，是一种生命的源源不断的提供、支持。

这也要从经验上去了解，我们下次讲"中国人有没有信仰?"。中国人当然有信仰，信仰是在知识和智慧的基础上建立的。我曾经分析过信仰，有知识的信仰和非知识的信仰，各有其所长。但我们强调的是"知"，强调的是道德，在知识和道德的双重基础上，体现了价值以及信仰的内涵。这里就可以说从"六经"到"四书"，从"四书"到"三教"，"三教合一"当然要推广了。按理说，道家也有道家的优点，它也针对人生啊! 老子观察周代的历史，体验的"道"很深刻，它不是一般的语言能够表达的。所以说"道可道，非常道"。但老子体会到了真的是有"道"，就像我们说"名"，"名可名，非常名"还是可以"名"啊! 但是你不能把它限制在上面。所以道家的这种发展和观察，尤其是对自然的观察，对自然无为、静动关系的观察，有历史的反馈或体现于历史的治乱循环，观察是很深刻的。你读道家的经典，从《老子》到《庄子》，都认为"道"统天下，天下都在道的笼罩之下，内含于道，都是道的一部分，这是很深刻的体验。道家让我们不断地去了解自己的生命，更好地了解天地万物，了解从大到小的生命，了解生命本身长短的相对性，了解人们应该怎么样去欣赏这个宇宙，爱护这个宇宙。道家让人们对地球的生态也进行更好的了解，有更好的生活方式，不要自私，不要贪图，然后过一个更好的生活。所谓养生是生命的一种持续的维持。养生不是只顾生命的表象，而是要把生命持续的、丰富的活力保持下来，能够提携后代，惠及他人。这些是我强调的道家的智慧。人到了老年，更要有道家的智慧。孔子教导子孙不要贪图太多，也可以说包含了道家的智慧。

至于佛家，它来自另一个民族的传统。世界的其他民族都有可敬的地方，我们大家对印度不是非常了解，但是印度人和我们中国人还是不一样的。他们从最早期就征服了恒河流域的土人，建立了种姓制度下的王朝。他们是这样而来的。他们相信泛神论，或者叫作多神论，就是相信宇宙有大梵天之类的神。不管怎么样，最主要的是他们相信之后就追求生命的永恒性。但现实上生命是短暂的，有生老病死。对这个问题，佛教释迦牟尼有所体验。首先你就要了解生老病死的基本现象。你越不能够对它有一种净化、一种认识，越想要执着它，越要去占有它，就越有坏处。因此才有所谓的循环，善有善报，恶有恶报。中国的《易传》里面也说过了，为善之家、为恶之家，都是宇宙呈现的基本的价值区分。按佛教的观点来说的话，你的行为之善让你更能够超越生命，你的行为之恶就会让你陷入到永久的痛苦，而且真的是永久。它提出了轮回的说法，人类要想脱离这个轮回，唯有对生命本身有种更净化的态度，不要执着，不要占有，要开脱出去。这点是很重要的，它认识到生命有一种终极的世界，它相信这个终极世界连生命都能够包含。但是它跟中国哲学是不一样的。中国哲学认为生命本身就是"底层"的，佛家则把寂灭当成了"底层"，这个寂灭最后也能体现出佛家呈现生命的方式，叫作法身——人还有报身，还有化身——仍然可以给这个世界一个可能性。你可以成佛，成佛后你就不会沾染六尘的瘴气，能够成为一个很清净的、整洁的存在。但是大乘佛教更强调要帮助他人，也要恢复爱人、仁人的入世心态。在中国这是被肯定的，传入中国的是大乘佛教。中国强调说生命是永恒的，但生命的永恒建基于我能够成为一个生命的整合的力量，对别人的生命，不但珍重，还有种帮助，有种完善，就像孔子说的："己欲立而立人，己欲达而达人。"至少，我们不要损害他人，要"己所不欲，勿施于人"。佛家能够救世，也能够入世，在一定的制度之下它是好的。其实，它已经嵌入中国的基本经验和历史反思里面。所以到了明代，三教就成为一个整体，可能各有所长。

　　同样对于道家，刚才已经提到了它的自然无为，的确很有远见。儒家作为中国哲学的最基本的规范，来自易学。我要强调一点——可以说是根本的，易学是中国文化的源头活水所在。因为它是一种开放的宇宙，是人对生命的重新认识，生生不已。如刚健自强、厚德载物，这些概念都很重要！然后才产生了儒家，自然而有为；同时也产生了道家，自然而无为。有为无为都在自然之中，都代表生命的活动。又加上后来的佛学，一种超越或者是寂灭、转化的精神，让人们少受点儿苦。这些都是人类文化的精华，所以中国的国学是很丰富的一套学问体系。

　　但是也不反对说我们今天要了解西方。会不会他们的学问对我们有帮助呢？我想也是的。首先，因为人类的繁殖越来越多，生存空间越来越小，粮食也不够，就产生了战争。我们怎样来解决民生问题，让更多的人能够生活下去？这需要我们能够打破区域的限定，或者走出我们所在的地球空间，在宽广的宇宙之中遨游，找寻一个可栖居的星球。这要靠科学，要靠智慧，要有远见。所以从这个角度看呢，我倒是认为西方的文化，有相当可取的地方。这方面是他们的长处，但是利用这方面的优势来拓展殖民地，来侵略他人，来污蔑他人就不好了。所以我们要取其优点加以发挥和扩大，让其对全人类都能发挥作用。这就是国学的精神。

　　要说国学的精神，那真是说不完。因为我们说到子学的其他领域，像中国的美术技艺，像所谓的诸子百家很多东西都可以有益于人生的，都可以作为国学的一部分。国学鼓励你创造，要走正道，创造一个正道的人生。对宇宙有正确的认识，对生命有正确的认识，对健康和医疗有正确的认识——这就是我说的国学的读书次第。

读书法的五个阶段

最后我们再来谈一谈"读书法"。我们所说学国学，就是读书嘛！读书的好处绝对是很多的。但也有一个问题，读书读到后来把书都读成死的东西，人也变成死的东西，读书人变成死的读书人，所谓"死读书，读死书，读书死"。书本是死读的对象，你说好不好？那肯定不好。所以对读书的讲究，我们要稍微了解一下。这也是如何学习国学的一个基本道理。我刚才讲的就是如何学习国学，要放开眼光啊！打开胸襟啊！从生活中学习啊！那我讲了在读书之外的一个前提，你要交朋友，要从师。大家一块儿讲习，请教名师，很多事情可以做。这个社会是开放的，读书来自自己的努力。国学当然有它自己的典籍在里面。无论是正规教育还是非正规教育，最后都是要把典籍包括进去。所以，读书是一个最直截了当的方式。

但读书也有它的缺点，你可能会掉入书堆里面去了。我个人讲的书只是资料、资源。我们要把书转化成为活的生命，而不是说变成书那样的死板的东西。这是我们当前做学问最大的苦恼。很多做学问的人在故纸堆里面打转，写的东西呢？就是一大堆故纸，甚至是重复。我在这里不是说要做一个什么样的批评。我们现在倾向于在文史方面，趋向书本的死读方式。因为我是研究哲学的，所以我强调书本的活读方式"活读书，读活书，读书活"这三点。你书不读活的话，搞了半天就是在那里咬文嚼字，也不见得你把这件事情能搞得更清楚。那怎么办？那就会很糟糕啊！所以我们还是要读活书，要参考你自己的经验，对古人的眼光价值要有所了解，然后再来看书，把书变成你的材料、资料，达到所谓陶铸心念的境界，这样我们才能够发挥读书的精神，这是很重要的，在宋朝特别看重这一点。

再比如孔子也要读书，但他不仅读书，也强调学习音乐、骑马、驾车，也有尚武精神，让人成为整体活的人格。大家一定要了解他才对，很多人只知道孔子的一个名而已。我出生之后，还是很幸运的，父亲给了我古典的启蒙，但不幸运的是碰到日本侵略中国。有很多老师自己也非常注重读古书，我觉得应该有一种哲学的态度。在宋代，二程就强调读书，朱子也强调读书。所以你看在二程的著作里面有很多关于读书的方法，朱子对读书法也有深入的讨论。

对读书法我简单地来说一下。这里，我提出五个方面来帮助大家在看到书以后知道该怎么读。比如说我们读"六经"，我们读"四书"，有的人越读越没有趣味，然后就不想读了。因为他读书的态度、方法不对，把它们看成死的东西，他就死于其中了，兴趣也没有了，这个就很麻烦。你跟古人去学习，要把古人当作一个活人去看待。因为他把提出的问题写出来，有他的宗旨所在，他的目标是要传递后人，这是一种知识传播。所以，他把精华的东西表达出来，然后经过长期人类教育的考察、发展，成为做人的基础。最后的目的是教你做人、做事，对不对？要为人正派。现代人有自己很歪的地方，比方说自私、抓权、欺诈，甚至篡夺等。这种人的动物性比人性还多一点，这个就麻烦了。

　　所以我们读书有一种目标在里边，目标已经在你生活里展开了再去读。读书要有一个前提，这个前提就是生活。不管是正规教育也好，社会教育也好都很需要。在社会教育里你要博采众长，老师越多越好，朋友越多越好。孔子说："友直，友谅，友多闻。"也就是说对正直的朋友，我们要多交一交；那种很宽信谅解的朋友，多交一交；对广博多闻的朋友，要多交一交。多闻不是死的学问，是活的学问。老师也是一样，"三人行必有我师"，不耻下问。这样你就可以读书了。读书的前提目标是要转化人格，成为一个有修养的人，这是读书潜移默化的成果。这是很重要的，主要是再造你的人生，重新塑造你的人格，包括你的眼光、你的气质、你的行止方向、你的判断能力，这些都是读书所要求的目标。这个很重要，它们不是空洞的。这个前提加上后果，中间有一个读书的过程。总结程伊川和朱子他们的想法，加上我自己的想法，这里把读书提炼成五个方面，贡献给大家。

第一，要能够听，要能够看，要有诚心。你读一本书，就要认识这个字的来龙去脉，知其所本。因为一个文字的体系、符号的体系是有所指的，一方面它指向外在，另一方面它有所反思，反映你自己的心态，它是两面的。我同意一种说法：一个句子或命题是语言的单位。戴东原强调先识字是对的，因为中国的字有时候也代表一个句子，所以对中国语言要把握得很好。很多人说中国话读中国书，但是他们不知道语言的含义。如果对《说文解字》也没有看过一遍，那么就更不了解"六书"了。要通过所谓"六书"了解中国的文字，它有象形，有形声，有指事，有会意，有转注，有假借。中国的文字是逐渐逐渐发展出来的，什么时候呢？必须追溯得很早，可能在黄帝之前就已经有文字了，到了夏商周才看到我们现在写的字——字体。文字是反映个人及心灵或者宇宙现象的一个符号。读字就是让我们看到句子，主要看它代表一种什么样的意思，怎样一种形象，怎样一种意图，它有一个什么样的整体标准，它要指向一种什么样的背景，当然这些都是潜移默化的。

第二，你要思考，要思考一个文句。譬如我们读经书，孔子讲"己所不欲，勿施于人"，它不是一句空话，是让你自己去体会，为什么你己所不欲，要勿施于人？你体会之后就发现，我自己不要的东西施于别人，别人不是会对我报以同样的态度吗？我不希望下一代怎么样，那你怎么能对上一代那样呢？你不希望左边的人对你不好，你怎么能对右边的人不好呢？上下左右十方八面你都要求。所以读书是一种思考、一种认知。识字是要了解语言本身的表意方式、文本形成的风格。比如说读中国的经书，其实应该越读越有味。因为它不但是一种现象，还常常表达一种指导方式。那你要是一下不能接受，没关系，继续读下去。那就是说你要继续去思考，提出问题了——为什么你不同意？为什么你觉得不好？没有关系，你还是可以去批评的。然后去反思的，可以去咀嚼的。这时候需要一种态度，这个态度就是你要投入其中。就这一点，你可以看小程说的一句话，他说：每句话都要求它的意思所在，然后思考它，甚至于三更半夜还要思考它，所以中心而思之，最后才能掌握它的意义何在。而这个意义是什么东西呢？它的道理在什么地方？读书最后的目的是要知"道"，要认识"道"在什么地方，"道"就是代表一个活动的生命道理、宇宙真相。我要怎么掌握到这一点？当然有一个前提，你该怀疑的地方怀疑，不该怀疑的地方深入思考，古人为什么这么说？圣人为什么这样说？有没有道理？道理在什么地方？你要还原出来，所以要终夜而思之。这就是《中庸》里面说的，要慎思明辨。

　　第三，你要看出一个道理来。不管程伊川、朱子，能在书里边看到一个道理这就很有意思了，对吧？自然流出这个义理所在。读诗也是一样，读经书也是一样，读到后来你内心敞开了。它就是火花碰撞到你内在的燃料，开出火焰出来。然后你就心广体胖，就会到"手之舞之，足之蹈之"这样一种境界，全身都辉煌起来了。所以你现在就活力充满，这就是读书的那个意义。义理成为那样一种气质了。孔子说"朝闻道，夕死可矣"，突然一下道理出来了，生命就有价值了。所以就呈现手之舞之、足之蹈之的欣喜若狂的境界。达到这个境界之后你会非常满足，它是一种美感。当你抓住真理的时候，真理就是美感。当你抓住真理的时候，你的行为就端正，就没有那种私心、恶心、害人之心。

当然了，要做到这一点，需要专心，像朱子提到的平心静气，又提到的虚心学习。这个心是一种力量，是一种气的力量。它有时候会自我阻断、阻塞，所以不开朗，气就不正。气有很多种，如孟子说的浩然之气。为什么我们要培养浩然之气呢？大开流行，非常宽广，没有阻塞。这种气是原始生命的气，能让你的生命充实起来。这种气也是理，气即理，理即气，气中生理，理中生气。义理表现出来，你的气质也开始有一种活动。

那么第四方面呢？就是我说的气质的改变，当你心有所感、脑有所思才能够感受到生命的活力，从书本里看到义理之所在，能够和你自己产生共鸣。然后你就可以产生内在的正气，这在宇宙里面是一种浩然之气。这种气就会相互鼓荡，产生活力改变你的气质。所以读书是提升气质、塑造人格的方法，你说话也不会随便说了。有学问的人，真对国学有研究的话，他就是那种气质，一举手一投足都是自然和谐的状态。这样一种和谐的状态就像所谓礼仪和美，能够做到礼，就是自然的合理性。这个合理性是要你自己心里有所体会，对义理有所体会，这点程朱是很强调的。当然，我们今天讲阳明，他强调的是良知。那良知呢，其实就是有理的一面，也有气的一面，所以良知是理气结合的结晶。所以一旦有了理气的配合，就有良知出来了。所以良知一动，致良知，你就能够知道什么时候该做什么。比如说，阳明讲：冬天自然知道怎么去孝顺父亲，夏天怎么去孝敬母亲，为什么呢？这是自然吗？这个道理是如此吗？天气冷了，你就知道要去睡暖席；夏天太热了，你就知道要去睡凉席。有人说我是有孝心，把它反过来那就不对了，是吧？这个知识就有限了。所以致良知要配合气和理的状态，要配合现实的知识，和行为的目标及动机，形成理气结合的行为方式。这就是我说的第四方面——改变气质。

第五方面，我要说的就是知"道"。认字读经典，经过内在的消化、长期的思考，甚至也可以请教他人，然后掌握到这个东西。因为读书，你的心要专，能够虚，能够实事求是，你就变得很灵活，就会跟书的义理结合起来。所以这就成为一个义理呈现、良知凸显的状态，从而改变你的气质和修养，自然在行为上就会实践。这个实践是离不开这样一个良知的、理气的支撑的。所以在这一点上，我觉得朱子和阳明的观点仅是不同的说法而已，都在掌握一个人的内在的"本体"(这个本体是我的说法啊)。大家知道这一点的话，就可以知道什么是"道"。那么"道"作为天地之道，就变成我的本心。而我们要发明本心，本心也是呈现出来的。因为人的最深处那种心的活动和宇宙天道的"道"的活动是结合在一块儿的，根源上是一致的。这个是很重要的，很多人最高的体验就是这一点。中国古代哲学最高的境界，也就是天人合一。天人合一不是随便说的，是体验出来的，是督促出来的，是活读书，把读书当作生命，转化成生命的光所引申出来的结果。这点我想大家应该了解。

读书怎么读？怎么一个次第？还有什么范围？这些问题大家可以去想，去思考。经书是不能不读的。每一个层次都应该读一些根本的书，经史子集，都有它内心的世界、它的天地境界。要读经书，我们今天说儒家是中国的一个主流吧。所以说你不读儒家的经典，读什么经典？但这并不表示说你不可以读别的书。不可以读科学的书啊，不可以读佛学的书、道学的书啊，都可以读！这是很重要的。学问是没有止境的，也不是说要限制在某一种方式，目的都是一样的，都是让你成为一个负责任、讲道义、与人为善、行为一致、有良心、有良知的人，这是最重要的。它并不是让你成为一个圣人，但至少让你成为一个儒家说的君子或者大人。因为你已经是人了，所以学是要成为大人，学以成为君子。这个是读书的目标，至少也是行为的目标。

我们学国学一般以做人做事成就人格为目标，和成为专家的目标分开。你也可以成为专家啊，我遇到很多美国人就是专家，有的研究《淮南子》，有的翻译《荀子》，都是一经一典的注释，这种汉学家很多啊！有的汉学家自以为懂中国的东西，其实开始懂一点吧，语文他也不是说很精通，他还是需要学习。今天对我们中国人来说的话，你自己要求其大，求其广大精微。那么对于汉学家来讲，他也要重新学习中国的东西，来沟通中西。所以这里呢，作为一个哲学思考者，我对西方的读书人要求也是一样的，你读哲学的书，读柏拉图、亚里士多德、康德、黑格尔、海德格尔的，读科学的书，读数学，读现代物理学，那我也是要强调读它们的精华、它们的义理所在。然后把它们转化成为我自己的一种可以行使的学问，然后来充实自己，来利益他人。

现在很多人，对读书就不重视，缺少这么一端。因为书有一个好处，它比较概念化，学问就是把概念化变成一种直觉。你要读书那当然就要有更好的直觉。但直觉还是不能代替概念化，概念化又包含知识内涵、价值规范。所以追求国学是全面性的，对吧？我们讲国学要从这个方面来讲，当然我也不否定有人讲国学只讲某一部分。读经，读经典一句一句地吭哧吭哧下去也很好，我也肯定。但是呢，我们还是要讲全面性，要有一个前提，要讲一个后果，要有个动机，要有一个目标，要有一个宗旨。我是非常强调这点的。

天下归仁与诠释学

现在我们还可以再讲一下几个重要的概念：一个是仁的概念，一个是敬的概念，还有孝的概念。

这些概念当然是最基本的，因为它们要维护一个社群，或者一个文化的持续发展。儒家强调这些根本道理，就是所谓为仁或做事，最基本的是做"仁"。孔子说"天下归仁"，这句话我特别欣赏。他的另一句话就是"我欲仁，斯仁至矣"，说明"仁"就在我内心之中；我要它，它就来了。那我怎么要它呢？不是说要就要的，还要你有内在涵养，一种认知才能要"仁"，就是"我欲仁，斯仁至矣"。我要"仁"这个"仁"就来了，那我还要传播出去。天下人都归于"仁"，让天下人都受"仁"的影响，使这个天下变成一个和谐的大同的世界，免于灾难，免于贫穷，免于战争，走向和平繁荣。这是我们的目标对吧？所以"仁"很重要，什么是"仁"呢？孔子对"仁"是深刻体验出来的，他讲了很多"仁"的道理，如"己所不欲，勿施于人"。"仁"呢，也可以说不只是消极的，除了不要做一些对人有害的东西外，还要积极做一些让别人能够成就"仁"的那些好的东西，当然也不是说帮助人要达到自私的效果。我做"仁"，不是为了自己的私心，所以我帮助别人也是要他不要有自己的私心，而是让他追求高尚的目标。这样才是"仁以为己任"，能够"己欲立而立人，己欲达而达人"。这个立人达人，达到他的理想的目标，这是做教育家的最高追求。

孔子也谈到"仁"就是爱人。有人把"仁"看成自己的随便主张，或者是善良的好意。不是的，因为它的精神是跟天地生命不息的道理相连在一块儿的。它就是要助长万物之生息，能够并育，并行而不悖，即所谓共同发展。所谓"小德川流，大德敦化"，达到天地之大德的境界。这就是所谓"仁"的重要性。"仁"这里是达到"天下"的重要的认识。所以你要了解"仁"，你要看这个"仁"字，怎么看？不是只从"仁"来看。你要从各种经典、各种历史事件，各种哲学史对宇宙、现象、历史的观察上了解"仁"。所以这是很重要很重要的，对吧？很多的是非，要经过长时间的观察，才能了解。很多人解经啊，他没有长期观察的能力，修养不够的话就很难达到这样的目的。我们做"仁"要从这里去做，去了解。这就是我觉得孔子的一个重要的发展吧，所谓"仁者爱人"即这样一种境界。了解到儒家的伦理之所在，这也是读书的一个重要的目的。

　　我提到易学的一个正轨，我们要开放，要知心用心。这个"易"呢，有人不了解，以为在那里变换、交易。"易"是一种变化气质，是一种创造性的转化。这种创造性的转化，包含了各方面平衡发展的状态。我们从这里透过观察来了解这个道理，所谓诠释学的道理，即我们中国所说的理解，我们怎么去理解这个世界，认知这个世界。理解认知在于我们更多地综合，更多地整体化。在这个理解当中主客各自定位，又整合为一。最近有一些说法就是有一些西方的诠释学，主张自我凸显，读书是为了发挥己见。当然这也是一个方法，也是一个后果。但是，据我了解像德国现今的哲学家伽达默尔，我们在 2000 年见面——他请我到他家里跟他对话，他其实强调的是主客合一。我们说圣人的原意、本意是什么？我们怎么能知道呢，我们当然不能知道。不过如果我沉潜在圣人的语言当中，把圣人复活在我的身上，那不就是他的原意了吗？所以这也是一种心灵的交汇。所以我认为追求经典的原意，事实上也正是追求我在圣人之中的复活。

　　那么西方的诠释学呢？实际上，应该是如孟子说的追求文字语言或者文辞精神。《易传》里面有一句话叫作"君子修辞以立其诚"，君子的语言就代表他内在的诚。所以三个字很重要，就是你在追求读书的时候，不要忘记自己的诚，对书中意义追求的敬意，对成就价值的信念、信心。所以说"诚、敬、信"三者合一，然后你这个书读出来就有道理了，就会不觉疲倦，而是快乐。所以我们读圣人的书跟读一个好的诗篇一样，不管是《诗经》《楚辞》还是唐诗宋词，在读的时候我们都会有快意、美感。同样我们读经书也能感觉到生命的开阔、辉煌。《易经》叫作"黄中通理，正位居体，美在其中。而畅于四肢，发于事业，美之至也"，这就是读书最好的境界了。那么你的气质也变了，社会也变得更好了，宇宙就更有活力了。这是读书的目标，也是学国学的目标。

今天我讲"如何学国学"，这是个很深刻的问题。总而言之，国学来自人生，如何学国学，就是如何把人生融合在国学之中，给它一种新的形式，来适应现代生活的要求。所以这点大家必须实际地去体会，实际地去实行，要笃行之，实行之，实践之。要把它变成生活，变成生命，这样我们就达到学习国学的目标了。

本次课程马上就要结束了，希望能为大家提供一些有益的帮助，也祝大家学有所成，在国学的道路上发挥所长，也许至少知道一个怎么做人做事的方案。至于你是不是成为精通一经一典的专家，还是要看你的兴趣所在。我们今天讲如何学国学，主要是要成就一个真实的、有价值的人生、人格。好，那我们今天就讲到这里，希望将来有机会能和大家讨论一些需要回答的问题。我能够想到的就是读国学的一些错误或失误，这些都可以解决。现在这个时间也到了，所以我在这里就和大家说再见，道声珍重！等下一次再继续讨论，共同学习。

第三讲

中国人有无信仰

各位朋友，今天我们进入第三讲。

国学的发展有人生的基础，第一讲已经讲过了。它解决人生命中的价值问题，是中华民族的生命体验、思考结果以及各种成就。"如何学习国学"是第二讲。既然知道国学那么重要，怎么学习，这是一个非常具有挑战性的课题。要学习，就要有一种自愿，有一种发心，来面对人生，面对问题，更重要的是面对中国人的文化、历史、传承。中国人的文化传承包含了古代的经典，包括后来发展的一些学术成果。所以，我们要通过学习、读书来掌握国学文化的传承和成果。当然，我特别强调的一点就是我们仍然要观察宇宙，仍然要直接体验一个与时俱进的世界、自然和人生，然后才能够把历史和生命结合在一块儿来进行学习。

中国人有没有信仰？这是个很严肃的课题。这个问题提出来，从文字上讲是一个很简单的疑问，但其实它是一个很复杂的命题。因为"中国人有没有信仰"指的是中国人现在有没有信仰，还是说中国人一直有没有信仰？还是说中国文化有没有信仰？所以要说清楚。我觉得这个问题提出来，可能有不同的含义，可能有所指。今天的中国，由于近一百多年来受西方列强的侵略和欺负，现在在某种意义上可以说丧失了自己的文化，对自己的文明也没有很深刻的了解；教育的方针也没有完全和中国的历史文明、文化去衔接。在这种情况之下，现在的中国人有没有信仰，和中国人有没有信仰还是两回事。

中国人有没有信仰？中国的历史悠久，我认为至少有五千年，但是不止五千年，从伏羲到今天应该有八千年。我们有八千年的历史文明，问这个问题——中国人有没有信仰，难道中国人从文化历史的开端到现在都没有信仰吗？是这样一个问题。所以回答的话，也要考虑到这么一个时间因素、背景因素，还要考虑到是谁在问这个问题。可能是西方人问的，西方人问这个问题可能采用怀疑的态度、否定的态度，认为你中国人就没有信仰。他们说没有信仰，说的是没有他们的那种信仰。他们不去了解中国的情况，同时也没有深入中国的文明，所以他们用自己的标准来谈信仰的问题，从根本上就否定了中国人有任何的信仰。这个信仰可能是宗教信仰，也可能是价值信仰。所以我们在了解这个问题的时候，一定要弄清楚它是一种模糊的所指。因此在回答时，我们应该怎么样去回答？我在讲这个之前先做一个根本性的回答，中国人从来就有信仰。中国人的价值观，中国人的行为观，中国人的天地观、宇宙观，中国人的道德哲学、伦理价值，都是十分值得肯定的。中华民族五千多年来的延续，在世界上是没有的，它怎么可能没有信仰？

信仰是什么

给大家提一个问题，什么是信仰？我们要了解到信仰是什么，当然中国人是有信仰的。从经验的考察，中国人近百年来在西方列强的压迫之下，没有好好地去掌握自己的历史文化、文明。只以西方为标准，因为西方是强势的霸权，以为只有西方才是价值所在，要把中国的文化打倒。五四时期提出打倒孔家店，认为从西方来的都是好的，中国的都是不好的。这样就把中国的文明、文化都否定掉了——中国人怎么会有自己的信仰呢？这就是从近代到现代，尤其是现代中国人的一种心理状态，可以说没有传统的信仰，或者说传统的信仰不够坚定，是怀疑的，空虚的。但就整个中国文明的发展来讲，中国人有根本的信仰。中华民族是一个有信仰的民族。因为它的信仰是从两方面得来的，一方面是从知识，另一方面是从行为，这两方面都是身体力行直接体验到的。在这种情况下，我们面对中国人有没有信仰的问题，要格外小心，要仔细地分析才能做出正确的回答。

　　既然近代中国人受到了创伤，丧失了传统的信仰，有些甚至于拥抱西方人的信仰。那中国人有没有信仰，从现在这个角度来说，确实有一些需要坚定的地方，要把我们的信仰非常明确地、非常坚定地说出来。中国从古代到今天这么一个长远的历史，中间风风雨雨经过很多坎坷，但是中国人相信"殷忧启圣，多难兴邦""风雨如晦，鸡鸣不已"。可见中国人还是有一种自觉，对自身存在的价值还是有感觉的。如何把这种自我认同的、自我觉醒的文化的意识扩大，把它明白化，把它转成教化，这是很急需的。尤其今天，我们走出了泥淖，成为世界上经济第二强的国家。中国的现代文明才仅仅百年，就有这么高的成就，所以我们必须有自信。不然我们在行为上怎么能做到呢？我们怎么能够在一个近于殖民地、半殖民地的状态再生，复兴，而且能够迎头赶上西方文明？这不是证明了我们还是有一个深沉的信仰、一个没有说出来的信仰，是放在心底里的，有些是没有做到之前，不敢去面对的？现在我们已经有了自己行为的见证、自己的成就。我们应该大声地说我们当然有信仰，我们的信仰是坚定的，是深厚的，是人类价值信仰的一个重要部分。

　　要回答中国人有无信仰这个问题，先要对信仰有一个基本的认识——什么叫信仰。有了基本认识，然后，才能了解为什么现在的中国人丧失了传统的信仰。而传统中国人的信仰是个什么样的状态？如何存在？再进一步，我们如何能恢复我们传统的信仰，重新回到一个新的、自觉重新认识的灿烂的中国文化，一个新的生命共同体，一个文明？这是我们必须认识到的。

那什么是信仰呢？信仰这两个字，一个是信，一个是仰。这个大家都知道。信代表我愿意去做一件事情，愿意相信这件事情。信可以说是对自己、对客观事件、对他人的认识，而这个认识的程度足以让我去做一些事情，做而无悔。而且这个信仰(去做这件事)，是因为它有价值，它能带来我自己的成长，能带来国家发展，带来社会发展，带来各种文化的进步。所以，"信"是人的自然状态，人不可能没有信。我们看到的动物的本能也是一种信，人不只有本能，还有对本能的自觉，还有基于本能经过学习经验得到的知识，从知识里面得到的信。所以，这个信是文化的信，是逐渐发展出来的，我们早就有。现在等于说是在受了打击之后，要重新建立起来，更强地建立起来。那这个信的来源是心理上的需要，天生就有的；同时，信也是学习，一种知识的获得。这点我特别强调，所以我们知道一点东西就信一点东西。我们能不能知道一样东西而不去信，这是不可能的。你知道天在下雨，但你说"天下雨我不相信"，就是你知道天在下雨，说

"我不信"，这是矛盾的。所以，你知道就会信，知道真相就会相信它。

我们要把信仰建立在知识的基础上，建立在理性的基础上。前面说过，信是心理上的需要，这就是信仰来源。人本来就有一种本能的行为的需要，来作为行动的根基。所以，通过"知"就产生了信。信的目标也是求知。现在对知识的一种定义，就是一种有证据的训练：知里边就有信，信里面就有知。所以，一个信仰，它的信是以一种理性的知识作为基础的，那么它就是合理的信仰。如果它没有以理性的知识作为基础，它就是不合理的信仰。当然会有盲目的信仰，但是人们追求的是知识的理性的信仰。中国人从开始就是这样看的，这一点我加以说明。

这个"信仰"是什么意思？我们有一个"知"而信，知造成信。有这个知识体系，我们就有信仰，就有价值体系。假如说我们处在一种信而不可知的情况下，有没有这种可能？当然可能。因为人可能相信一些东西，基于以前的经验去相信一些东西，但是我不知道它是不是完全客观的证明，很多情况是一种推演，所以知可以帮助我们推演新的信念，可以是归纳法，甚至可以是假设的方法，都是在我们已有的经验、知识的基础上来推广这个信的范围。这样的话，我们也可以有更广泛的信仰。这是非常重要的，所以我把信仰分为知的信仰和无知的信仰。无知的信仰就是你没有任何知识作基础的盲目的信念，只是一种感觉、一种情绪。比如说很多人盲目地相信西方怎么伟大，盲目地相信西方人怎么了不起。这些实际上是没有根据的。当然，你看现在西方人创造了现代科学，有他们的特点。但是，现在中国人对西方人的崇仰，不是从科学的角度上来说的，说西方人有他们的长处，有他们的成就。只是因为他们是西方人，他们有了霸权，他们会赚钱，他们自以为是，你就相信他们高人一等。这是盲信，就是没有理由的、没有理性的信仰。这就是信而不知，而不是知而信。这两个要分开。信而不知，而且不去求知，安于其中，这就是当前的问题。这样的信就是盲信、错误的信。

　　信仰还有一方面就是行为。这个"仰"当然代表一种理想，所以讲信仰要从知识的方面找到我们能够相信的价值，然后去追求它，当作完美的价值来追求。通过追求来改善我的人品，提高我的知识能力。这是信仰的基本要求。"仰"就是把它看得高高在上，中国人说"高山仰止，景行行止。虽不能至，心向往之"，所以信仰代表一种向往、一种理想主义。你说中国人有没有理想主义，有没有一种向往？当然有。中国人能够从困境当中走出来，就有他理想的追求，能够去追求价值，追求理想，能够从知之、明辨的角度去深刻地掌握它的价值所在。在过去一百多年来，中国有那么多志士仁人追求理想，甚至置生命于不顾，努力奋斗，创造一个新的中国。这就是一种理想主义！这点孟子说的是最好的：有的价值是生命的，有的价值是胜于生命的，所谓"杀身成仁，舍生取义"。舍生取义就是理想主义，就是信仰的追求，以此来达到人生自我的完美，也为自己的族群社会，创造一个更好的发展环境，更有尊严的、更有价值的生活。所以，信仰代表一个价值观、一个价值主义、一个理想主义，不是迷信。我刚刚讲了，信仰的一个成分是知识，它需要知识。没有知识，我们有的时候是一种假知识，就是迷知，迷知给我们带来的是迷信，迷信带来的是迷行。现在最主要的就是衔接，让知识转化成行为。信就是行为的潜在力、行为的执行力，可以这么说。

因此，信仰有三个部分：知的部分、信的部分和行的部分。行为为什么重要呢？因为我们信仰的东西，我们希望把它来作为目标和追求，可以把它实现成为生命的价值，让我能够成长，让我能够发挥我的潜能，这就是人生存的目标，中国人很早就认识到这一点。所以我们必须说信仰牵扯到这几方面，这几方面就构成信仰的内涵。在这个基础上，我们就必须说，中国人是有信仰的，即使是在一个无信仰的时代。

在这个"无信仰"的时代——有人说就是 20 世纪，人们只相信强权，只相信自私的追求，只相信霸道，只相信偏见、傲慢，在某种意义上可以这么说。我们分析 20 世纪的诸多战争，如第一次世界大战，还有第二次世界大战。为什么会产生两次大战？就是有些国家的人相信自己是最优秀的，要站在别人头上，所以他们有一种不合理的优越感、民族的优越感，不把别人平等地对待。有人就是看着很弱，所以我要欺负你，看你怎么样？我的实力比你强，我就要欺负你。很多人也就是这样，就是看到中国人弱就要挑衅中国人。他们不去挑衅别人，就是挑衅中国人，他们觉得中国人弱。而中国人刚好也处于弱的时候，所以就产生了诸如日本的侵略。这种体验是很深刻的，因为我是在抗战时出生的，我很了解这一点。日本人侵略中国完全没有任何理由，就想侵略这块土地，就是把中国人作为奴隶来看待，来征服。所以，这就是所谓集体的盲信。这种盲信的行为就是集体的残酷、集体的暴行，造成另外一个民族、一个族群的痛苦，甚至于毁灭一个民族。所以，信仰的力量是很大的。

信仰的作用与发展

除了个人的信仰，还有集体的信仰。个人的信仰可以改变他自己，他的信仰是正确的，是基于知识和认识的。有了对真实的认识，他就有一个正确的行为，有一个正确的目标。当然，结果也就更好地发挥了人性，建立起了更好的人格，实现"人"的人生。如果把这个信仰扩大包含整个集体、社群、民族，它的力量就非常大了。信仰就是一种力量，集体的信仰就是一种极大的集体力量。如果人没有这种团结，没有集体的信仰和力量，那这个社群、民族的未来是很悲观的。因为你只有自己的信仰，而你的信仰不能与他人沟通，不能与他人结合在一块儿，那你的信仰就没有为民族的正常发展、平等发展做出贡献，这个信仰就没有发挥作用。只有在一个集体的信仰之下才能更好地改变我们的处境，才能促进文化的真正进步和发展创新。所以，这就是信仰从个人到集体的状态。我们现在必须了解这一点。

　　我们现在了解到这一点之后，我想是不是可以和大家再谈一谈关于中国人信仰在传统发展的情形。这个发展情形，上次也提到，因为信仰的发展是一个人或者一个民族面对世界、面对他人、面对万物所产生的信念、认识，当这个认识变成真实的知识，它的信念就变成真实的信仰，变成真实的信念、信心，就是知道万物存在，万物有它的价值。因为认识万物有几个阶段：认识外面的表象，认识万物的生命内涵，认识万物的价值所在。

　　比如说我们今天开始了解环境的重要性、生物多样性的重要性。我看了一段视频，就是说在 20 世纪五六十年代，大家为了消除麻雀对稻子的侵犯，一天可以杀两万只麻雀，这就是对环境的片面认识。当我们对环境有新的认识，知道环境对我们很重要，那我们就以一个好的态度来对待环境，我们就要考虑到我们的行为是不是有利于人的发展。但是现在我们讲环境哲学还不只是说利于人的发展，我们要有利于生命的发展，有利于整个世界，有利于整个环境系统的可持续的发展。我们不能只从单纯的一个人，或者一个国的立场出发，而要考虑到生命体的整体环境。我们不可以随意地破坏环境，自以为是，必须深思熟虑地去考虑环境保护的政策。这是信仰的基本方式，认识掌握这个方式在中国是原有的。

所以，我现在说中国人的信仰是从开始就建立起来了。中国人作为一个民族，是很有智慧的。他能够上观于天，下观于地，中观于人，能够外观于物，内观于己。他有这样的一种能力，这点从我们的经典就可以看出来。文字的经典有它的历史性。中国字代表一种对事物形象和事物性质的刻画，从长期的观察当中形成了这样一种表象表意的文字，所谓"六书"系统是不简单的。这是一个长期的过程，从黄帝之前就开始收集经验，考察天地，能够发展中国的文字，能够发展中国的历史，在三代的时候就出现了尧舜禹这样的圣王和圣贤的概念。

我前面讲过，中国人的信仰是逐渐发展出来的，发展过程中经过了一个理性化的塑造。如果追溯到黄帝时代——追溯到黄帝之前的伏羲也是有必要的，因为伏羲在后来的记录当中，在孔子的《易传》里面可以看出来，他是在羊文化的发展过程中成为农耕文化的先进者的。在这个过程当中，一方面开垦了土地，另一方面观察天地，形成了天地人相互对应的认识，这种认识有利于农业耕植的进行。这是一个长期的发展过程，奠定了天人合一的关系、观念，即所谓"大人者与天地合其德"。可以想象，当我们能长期观察天地宇宙和人的关系，就自然会得到天地之道和天人之德的概念，这是一个基本的认识。任何事情都有一定的轨道，这个轨道是可以看得到的，长期的观察可以看到更深层的道。德是一种能力，天地有天地之德，能够生生不已，即所谓"天地之大德曰生"。那人呢？也是一代一代地传下去，也是一个有德能的存在，可以说是潜德。这个潜德可以在适当的学习条件之下成为实际的能力，比如能够管理好自己成为君子，然后进一步能够管理他人成为君子，我在过去的论文当中特别提到这个发展。在这样一种情况之下，中国人信仰的发展，是有根有源的，说得更具体一点，就是伏羲观天察地，认识了天地的功能和其内在的德性——人是在天地之中，是它的一分子，就像万物一样。所以，人的地位是很高的，人和天地相配合。因为其他万物能力都不如人，人是万物之精灵，他能够合天地之德，不但能合天地之德，他又能进一步发扬天地之德，所以天地跟人的关系是"人能弘道，非道弘人"。

那要什么样的人才能弘道呢？要有德之人，这个德也是源于道。所以人的存在根本上就有一个基础——人就是天地之子、天地之精华，所以他有这个责任感，要去弘道，为人的实现，为更多人的生命的实现，为改变生命环境做出很大的贡献，这在中国早就有了。所以说从伏羲观天察地，形成了这一套符号体系，然后到黄帝，整合了黄土高原的族群部落，形成了中华民族的架构，中国人就已经有了天地的信仰。这是什么信仰呢？我们要知道是生命的信仰，天地有好生之德，天地之大德曰生，所以生命是最重要的。生命需要用德性来维护，让生命一代代地传下去。在这种情况之下，对生命的信仰又包含着一种对生命成长维护的信仰，对家庭建立的信仰。因为他是要让生命发展下去，所以中国人重视家庭。信仰天地，这是最根源的信仰。

然后，对祖先的崇拜也是如此，崇拜也是一种信仰，就是上一代对下一代有责任，要知道怎么去教养；下一代对上一代也有一个责任，就是要反哺，所以强调"孝"。这些都是在生活当中演绎出来的，这个信仰是很重要的。这些慢慢演绎出来，形成社会的规则、规范，可以说与生俱来。儒家称之为性，所谓人之天性，允许发展出德。所以中国人很早就产生了这样一种天人合一、性德合一的价值信仰。这是最原始的。这里面还有一层意思，所谓天道性命，天有天道，性有它的能力。但是，人之天性因为环境的不同受到各种的限制。所以，人要在一定的情况之下，尽量地去发挥自己的德性。他的生命是有限的，那就是命，命代表环境、能量对人生命的限制。这几个范畴中国人也是非常深刻地认识到的：天地、天人合一、性德合一、性命。性命也是合一的，性中有命，命中有性。在很早的时候，中国已经呈现了这样的一种形式。我们可以看到在《尚书》《诗经》《易经》这些经典中都有信仰，比如关于天地的信仰。

信仰的认知与确立

我们来说一下对天的信仰，当然跟对地的信仰是对称的，但它是有特殊性。天浩大广阔，给人一种非常崇高的感觉。我们对天的认识在《诗经》里面是"上天之载，无声无臭"，这种对天的体验多么恢宏！《诗经·周颂》还提到"维天之命，於穆不已"，这里的"命"代表一种力量，有创造性、持续性的力量，不断地在延伸。这样一种认识，到王船山还提到"性日生日成"。所以说中国人的性命观，对于天地之德、天人之德就已经有很深刻的了解，这很早就有了。所以才能开拓出后来儒家的信仰、诸子百家的信仰，才能延伸到今天。我们不能不知道这个文化的底层、深层。

关于这一点，再举一个例子。我们对天地的信仰，当然也有人自觉的一种促进、创造。在《国语》里面提到：有一段时间，当时天和人、天和地都是密切交流的。在那个农业社会显然如此，大家努力地发展农业，自然要去了解天时地利，那个时代叫作"天地通"的时代。但后来就流乱了，每个人有每个人的经验和体验，没有统一起来，也没有一种深刻的整合和理性的认知或诠释。所以在颛顼时候，他作为一个领导者，禁止这些巫师随便去说话，产生了"绝地天通"的局面，只有某些巫师可以来传达信息。这些巫师实际上已经是在伏羲的八卦体系、阴阳之道建立之后，从事占卜的专业人才，他们可以更冷静地、更理性地去面对具体情况，提出合理的信仰基础或知识基础作为行为规范。

　　这里可以看出来信仰在中国，主要是以伏羲建立《易经》的体系为主，形成了一套具有象征意义的知识体系。从作为根源的太极到一阴一阳之谓道，再到《易》的太极生两仪、四象、八卦、六十四卦，可能在三代尤其是周代已经逐渐完成了。所以，这样一个体系是以"知"为基础的信仰。这里我特别要指出来：中国人在古代的占卜有追求知识的作用，能预见、预知、预测未来，作为行为借鉴的基础，也是很重要的。这本身就是一套很理性的行为，中国人是合理主义者，他的信仰建立在有合理支持的基础上面。所以，从天地通到绝天地通，占卜知识的发展，逐渐给人们一种信心，一种了解的愿望和满足。当然了，这不能迷信，占卜是很重要的，它是一个诠释体系，但是它要你有合理的诠释。有合理的诠释，做合理的行为，它就有道德意义。道德意义就在于我们知道一些情况，无论是危机或者不是危机，我们都要以发挥自己的德性和理性的判断为主，不是随便去说的。当然后来《易经》成为民间的学识之后，在民间还有自己的发展方式。但是名义上已经是退后了，是从知到信到行这方面的落后。在古代，比如孔子认为占卜在于警惕自己，来充实自己的德性，遇到好的情况我怎么好好地掌握机会去发挥，遇到不好的情况，怎么充实自己的德性来改善现状。所以，这也是一种信仰。

大家要知道这里所谓的信仰，不是单一的事件，它代表了一种发展的过程，代表了我们人的知识发展的过程。所以，现在我们说中国人的信仰在古代就已经成立。到了春秋时代，孔子提倡儒学，这也是一套成为后来中国人历史社会主流的信仰体系。孔子在周代礼乐体系之中，看到了人类本心的德性就是"仁"，他说"我欲仁，斯仁至矣"。仁是什么东西？当然为政者爱民是仁，现在说对群众关心是仁，这是最根本的要求。在仁的基础上面我们体现了生命的自由、平等的态度——对人的平等。这是很重要的认识，这个认识来自对天地的认识、对生命的认识。所以儒学的根源可以说很早，早在天地人的宇宙观里面。中国人的信仰是一套宇宙观，具有道德意义、生命价值的宇宙观。孔子在这个基础上才能说"仁"是我具有的，是我本有的。这个"仁"不是只为自己，而是为天地而生存的，能照顾天地。这是一个非常宏大的信仰，他不是追求自己的利益，而是追求天下的利益。

所以，中国人在这里展得非常之开，包含天地，拥抱万物，这样一个信仰可以说是从春秋以后，汉代、唐代、宋代，一直到今天，一直是我们的基本信仰。

因为不读书不知道，这就像《三字经》说的："养不教，父之过。教不严，师之惰。子不学，非所宜。幼不学，老何为。"那我加一句"人不学，何以信？"，你不学怎么知道"信"呢？因为这个信仰历史悠久，你要去认识、保持这个信仰。我们现在给人的印象就是没有保持我们的信仰。没有保持我们的信仰当然是一个问题。还有一些人，他们的确是丧失了信仰，这是一个很重大的问题。

但是，我强调的是中国从头到尾都有信仰，在不同的历史状态和不同的人的状态中，这个信仰有所改变，有所伸张，有所隐蔽。有的时代教育办得好，人的素质高，信仰就一致，比如说可能在汉代、在唐代、在宋代。有的时候，由于政治不清明、外族的进犯，加上天灾人祸，人们流离于这个世界，流离于沟渠之间，甚至于生命都丧失了。这个时候对于"礼"的认知信仰就没有了，那就要去恢复。不但是礼，"六经"里面诗教的信仰也没有了。诗教是要有一种优雅的感情，感受天地之万物和生命，所以"诗言志""诗言情"。我们的"诗"的这个传统就少有了，但还是有诗的传承。近来我看到很多人也开始写诗了，这是一个好现象。礼丧失了，但丧失的最严重的，我认为是"易"，我们的宇宙观也丧失掉了，变成算命观了。对于天地观的传统、天人合一的传统完全丧失了认识。

实际上，信仰包含两样东西、两个部分：天人合一，知行合一。《尚书》里面提到"知"与"行"的问题——知易行难，那我提出来一个命题——知易行易。如果我们了解宇宙，观天地变化，那我们就好做事。天地之变化是对所谓乾坤两个根本德性的认识，一个刚健自强，一个厚德载物。这两个就是生命本身的内在的力量。我们假如没有这个信心，我们怎么生存下去呢？所以这个不能丧失掉。但是很不幸，我们对"易"的这一套价值观丧失掉了。虽然"易"是一套符号体系，可以作为占卜之用，但是"易"的思想哲学价值不等于占卜，也不等于符号，而是用符号和占卜来维护我们基本的天地宇宙的生命观和创造性的发展。所以，今天特别要强调的是我们的信仰必须重新建立起来，建立的方式就在于，把"礼"建立起来，把"仁"建立起来，把"易"建立起来。由于我们认识了"易"的变化，所以我们更强调人存在的重要性。因为人创造了机能、机体，在不变中能够产生新的创造的力量，结合不变、变、已变，创造出新的环境、新的成果、新的知识来维护我们日新又新的生命信仰。所以，这个"易"的发展非常重要，但偏偏是这方面我们有所缺失，这方面是一个根本的问题。我们还要回来谈这个问题，因为这和西方的对照是很明白的。

中国人是有坚定的深层的信仰的，只是没有开发出来，隐藏在背后。由于时代的环境造成中国人的堕落，不读书，不反思，不力行。甚至丧失了基本的社会道德，不讲信用，不尊重他人，利用他人的缺点来占别人的便宜，落井下石，不尊重礼义。比如说为了自己的利益或者是财富，趋炎附势，否定自己的父母，否定自己的朋友，否定自己的师长，看到外国人这样做，中国人也跟着学样。因为很多外国人不了解中国人的东西，所以对中国人就采取这样一个态度认识，把中国看成是更差一点的，实际上是他们不了解、不认识产生的结果。而认识和了解的责任实际上是我们自己的，我们自己要不要去认识、要不要了解，这是最重要的。所以说现在中国缺少信仰，要恢复一个传统的丰富的价值信仰，首先就需要建立一个或认识到一个宇宙观、生命观、价值观。因为所谓的信仰，最后都是要回到这个问题上面去的，我们不能逃避这个问题(等下我们会讲中西差别)。信仰是我们行为的基础，是我们史实的延伸，也是我们生活的状态，它的重要性可想而知。

尤其是今天我们要强调的是，个人要有个人的信仰，也要有集体的信仰。每个人有特殊的信仰，但是在集体的文化里面，大家得益于这个文化，收获于这个文化，收获于我们的祖先，得利于我们的社会国家。那我们就应该有一个共同的信仰、集体的信仰，这个宇宙观就很重要。这是国家发展、社会发展的一个重要条件。这是我特别要强调的重点，就是中国人的信仰，要从一个"丧失"了的角度去看，它是被隐藏的，被深埋在历史尘土之中的，要把它彰显出来。从客观讲需要我们的教育把它剥化，把它提升出来。也需要我们的学者来强调，实际上学术如果只强调历史，强调故纸堆，或者强调文本的考证，或者强调一些注解，那是不够的。我们要面对中国人信仰的重新建立，要面对中国哲学的重新发挥、发展。尤其是我说的，一个具有现代化的、世界化的中国人信仰，代表中华文明的优秀的部分，和西方进行交往，为了人类的前途，能够形成一个彼此学习，甚至于能够达到融合的人类的信仰。中国人的信仰，我自己的评价是非常重要的，是人类信仰的一个核心。

中西信仰之不同

　　讲到这里，我们就开始讲中西信仰的不同。

　　中国人信仰的是天人合一的宇宙观、知行合一的人生观、仁义合一的价值观。中国人的信仰都是相互联系的，都是整体的。中国的学问也是一个整体的学问，必须整体地去了解，必须回到对天地的观察和信念中。我们的胸襟要开阔，不但要从历史学习，从古人书籍里面学习，还要从我们看到的人性来反思。我们要去体验，体会空间中事物的丰富性，体会时间中事物的多样性和变化性，这样我们才能真正地了解中国人的信仰。这是一个比较艰巨的过程，必须这样做。这也没有什么太通俗的方面，必须有学者老师来指导。所以我们今天做这个演讲，只是通俗地说一些中国人的个别的信仰、民间的信仰，够不够？我觉得是不够的，还要深入。国学院的朋友们，你们真要学习的话就要上心，要有这样一个决心去学习，把不知的东西变成知，掌握中国的传统、中国的经典，然后再觉己觉人，这是很重要的。觉己觉人，先自觉地掌握，然后才能够教化他人，这是一个长远的文化发展的计划。中国现在必须走一个长远的文化发展的路径，既为了人类的发展，也为了中国自身的发展。

我讲中西哲学的差别、中西信仰的差别，信仰在这儿，主要是有一个含义，有一个"模糊性"。这个信仰不只是宗教信仰，但是我们往往把宗教信仰，作为核心。我刚才讲的中国人的信仰，是不是宗教的呢？我认为也可以说有宗教性的一面，尤其对中国的宗教意识来说，宗就是"统之有宗，会之有元"。因为我们中国人的信仰、价值观是一个整体，从宇宙论、生命观、知识论、伦理观到各种行为法则、规则，它是一体的、整体的，甚至于中国的政治也是和中国的宇宙观、人生观、价值观联系在一块儿的。这是很重要的一点！所以它有宗教性。教就是"修道之谓教"，是一种教化。这里我们可以看到，所谓宗教，从中国人的含义来讲，有宗教性。现在的问题是我们常常用西方的字眼来代替中国的字眼，把宗教作为标准，摆在西方。因为西方是强势的，是现代国家，中国在 18 世纪以后走入弱势，所以什么都以西方为主，那么这样的话就把宗教也等同于他们的宗教。他们认为这个是宗教的东西就是宗教，把"Religion"这个词翻译成宗教，Religion 其实也不是西方原来的意思，Religion 原来的意思是说把事情紧凑在一块儿，"tie up"——把它们系在一块儿。这个意思呢，其实是蛮好的，因为也有一种整体思考的作用，虽然它们主要表现出来的形象和中国的又是不一样的，但跟我们的整体宇宙观、整体价值观、整体生命观、整体伦理观相似，也是整合在一块儿的。

我们要学习的就是孜孜不倦地、随时随地地去修养我们自己，这点也许在宗教的原义上面有可能沟通的地方。但是在实践的举例上面，西方的宗教是拿这个犹太教、天主教、基督教以及后来的伊斯兰教作为规定，而中国没有这样的宗教。中国没有西方的基督教，没有西方的天主教，也没有西方的犹太教，也没有中东的伊斯兰教。没有这些，并不代表中国没有自己的宗教；没有这些，并不能代表中国没有自己的宇宙论、自己的人生观、自己的价值观。事实上，中国的宗教是一套宇宙论，而西方的宗教是一套上帝论。简单地说，可以这样来区分。当然，我也没有时间进行更多的引经据典。很清楚的就是，西方的确是以宗教立国，这是历史使然。犹太人走出两河流域，抱着一个信念，或者是命愿，他们相信他们的祖先神永远地保卫他们，保护他们，他们也永远要纪念、尊重他们的祖先神。这个其实也是很正常的，至于那些祖先是什么人，不知道。远古太久了，所以后来把它编成一个上帝。上帝这个含义在犹太文化里，其实是"JH-WH"。"JHWH"翻译成中文是耶和华，耶和华就是"我"，它不是一个名称，甚至不是一个对象。但是，希腊人、犹太人在西方哲学的领导之下，形成了一套所谓的"一神论"的宗教观，到后来形成了《圣经》传统，强调一个"God"，翻译成中文即上帝。"上帝"这个字眼来自中国，《诗经》里面有上帝的概念、天地的概念。就他们来说的话，最主要的是有一个创造主，创造一切，对一切能统合、裁判。他有绝对的权力，有绝对的无所不在的知识，他也关心人类的发展。这就是上帝，上帝是不可知的，为什么称为上帝？他为什么创造生命？为什么创造人类？不知道。宗教中上帝是一个超越的存在，这个上帝最大的特点是他是超越的，是另外一个世界上的，是处于我之外的世界，所以不可知，人们只能信而不可知。

这里我们就看出来中西价值观、中西宗教观的不同。西方宗教信仰一个超越的上帝，可信而不可知，或者说先要信才能够有所知。这和中国说的宇宙观不一样。我们的宇宙观是自然的，是一个大自然的生命的发展；它是我们可以体验到的，它不是超越的，无所谓超越，也无所谓非超越；它在我们心中，在我们生命之中，同时也在世界整体之中，世界和我是整体的关联。不管是儒家讲天地万物与我为一体，或者是道家讲道和万物并存，都是说明人、生命和宇宙是密切联系的，并不是有一个造物主——另外一个像人一样的存在——造出的人。所以，这点我们必须去了解，就是西方把不可知的造物主变成一个人，变成一个拟人化的存在，是一个绝对的权威，甚至于人的形象是根据上帝来的。事实上，从人类学来讲的话，上帝的形象是根据人来的。在中国来说的话，宇宙有一个自然创化之道，有生命力，有创造性，有包涵性，有变化性，允许生命不断发展，包含各种不同的生命，所以是一个内在的而非外在的存在，而西方的上帝是外在的而并非内在的存在。说得更精确一点，西方强调的是外在的超越主义，虽然后来耶稣教、基督教也强调所谓上帝在我心中；中国则强调内在主义，我是天地所生，我是宇宙的一部分，宇宙也是我的一部分，天地皆备于我，万物皆备于我，我的存在就包含了宇宙的存在。当然，中国也不否定说人的存在要发展到与天地合德合一的境界，需要修养。在基础上，认识到人和宇宙是密切相连的。至于是不是没有完全实现宇宙的潜力、生命的德性，这是个人的努力来决定的。

中国的宗教是生命的宗教，是具有创造性的宗教。中国的宗教和西方的宗教不一样。这里最大的特点就是，西方有了宗教，就把宗教外化成上帝这样一个像人的存在，组织教会，宣传信仰。一直到今天，西方文化中的教会思想为什么那么顽强？因为没有断绝过对原始信仰的推动宣传和组织教化。而中国呢，是生命体验的宗教，并没有专门的机构来推广。当然，从春秋战国以来，中国是经常进行教化的，不管是礼教，还是孔子的仁说，或者易教、诗教。但是呢，没有专门的宗教机构去推行，而是从一个国家的发展、社会的发展角度来进行伦理秩序的建立；没有对宇宙存在的认知特别地加以强调，例如像西方一样有个上帝的存在、超越的存在。中国是从内在学习、生活反思、不断修养、不断修行的角度来发挥人的德性，形成一个好的社会。所以中西这两个方式不一样，不一样的结果就是到今天西方的教会力量很强，宗教感特别强，甚至和政治结合在一块儿，成为经济发展的前驱力。那么中国呢？因为没有这样一种对宇宙观、生命观、价值观的认识的专业的推动——当然在传统社会也有各种机构，也是从事教化的，但没有得到政府的支持的话，就没有持续性。所以，最后是"礼失而求诸野""失时而求于空"。这个"易"呢，就更不用说了，易学变成了索求，不过易学在西方也没有发挥起来，因为只有中国有。今天面对这样一个情况，我们的信仰在文化的底层是丰富的，是深刻的，中国人遇到危险的状态，遇到困难的时候，还会把这个信仰拿出来，甚至有时候从宗教的角度也会给它一个拟人化的说明——把"天"叫作"老天爷"。当然我们有外来的信仰，比如佛学，近来也引进了西方的宗教，这个信仰我就不细说了。不管是儒释道，或者是加上一些西方所谓的上帝教，基本上都是以中国的最深刻的宇宙观作为基础。其实这个上帝的概念来自中国，这是非常重要的一个认识。

所以中西的不同，可以说是宗教的不同，造成了一些现象。这个现象就是中国人好像没有信仰，尤其在弱势的时代。而西方人呢？西方人的信仰是突出的，每个人都有一个标签，甚至不信基督教的自身也是有信仰的。如哲学家罗素讲"我为什么不信基督教？"，他就是一个自然主义者，他不是一个迷信主义者。在这种情况之下，信仰的问题事实上就是一个价值问题。中国的价值观和西方的价值观，哪一个更深刻？我要说中国的更深刻，但是要长期地去发挥，才能坚持它的深刻和坚定。人们往往不加反省，自动丧失自己的信仰，也就是自动丧失自己的价值，这是可能的，也是当前非常严重的事情。很多人就是没有中国人的信仰，不认同是中国人，什么是中国人也不知道，这是个很大的问题。所以，我们要面对，不仅是要重建，而是要把它挖掘出来，把它整合出来。我们就是这个信仰的主人，我们就是这个信仰的主体，我们对这个信仰有重要的责任。因为它代表中华民族在宇宙中，逐渐经过艰苦奋斗，产生的人类价值，是与整个人类有关的，这一点我想非常重要，这也涉及其他各种生命的价值观，包括道德观，包括知识观，包括政治观，甚至医疗观，比如说有关中医中药的价值观，这些都是我们的信仰所在。但是这些那么博大的信仰、深刻的信仰，怎么把它发展出来？这是非常值得思考的。

发扬中国人的信仰

另外，我要说的一点是，当说我们有信仰的时候，我觉得我们不能把自己的信仰说成是无神论，这里面其实也是受了西方人的迷思。中国人这个"神"字，所谓神而明之，人发挥到一定程度，能够感受天地之万物，能做出更好的一种判断，能够感而有应，感而遂通。中国的"神"就是这个意思，就是神通的意思，能够沟通，能够教化。实际上，也能够知道万物，知己知彼；然后能够运筹帷幄之中，决胜千里之外。一种神而明之，自己对自己要有自知之明，就是神，所谓神志很清就是这个意思。所以中国人的信仰是有神知的信仰，就是把神变成一个对象，如果变成一个所谓崇拜的上帝的话，那就叫作有神论。说中国没有像西方这样一个上帝主义信仰，就说中国没有神，这个就成为价值上的贬值。说你是无神论，就好像是只讲究"虚无主义"。其实中国人是很强调精神生活的，他的信仰当然是有精神性的，是神而明之的，所以不能简单用西方的无神论——atheism 来概括。这是对中国的限制。这些翻译的名词把中国人限定了，限定在西方人对中国的翻译之中，对此，我很注意，也很反感。我们要强调我们自己语言的重要性，我们要强调语言的重要含义，贯通它在历史上的各种意义，来掌握我们真正的内心的信仰，这是一个非常重要的认识。

最后要谈一谈，既然我们认识到中国人是有信仰的，那么怎么把这个信仰伸张起来，展现出来，贡献出来，这是我们当今的课题。因为我们花了很多时间来辨别中国人是有信仰还是没有信仰，事实上发现西方人有西方人的信仰，中国人有中国人的信仰，那么中间产生的问题是"哪一个信仰更为优美，更有价值？"。那关于这个问题呢，从一个哲学的眼光来看，有可能是智者见智、仁者见仁。很明显地就是人的主体性是天地之间的存在，人的发展也没有先天的限制，他的精神的境界可以很高。人当然要对天地有敬畏，要谦虚，但他不一定要在一种对一个上帝的认识中去固定自己的地位，像基督教所说的：人是不能够做主的，人是不能有担当的，人必须一切归于上帝。其实中国人就是在天地的精神之下，会自觉担当，本身就具有神而明之的品行，会成为圣人。当然，这里并不是说人就缺少了什么东西，因为在这种情况之下，人仍然可以相信自己是有灵魂、有原则的生命。所以这里，中国人在这个方面是可以去发展的，而且人类在发展当中也应当有不同的信仰。这些信仰可以彼此补充，而不是对立，也是好的事情。尤其是宗教的信仰，对立起来就是战争。价值观可以不同，像中国人所说的"大德敦化，小德川流"就很好。

在这样一种了解之下，我们怎么传承呢？就是学习。也就是从基本的信念开始，你知道什么，真正知道什么你就信什么，然后再追求更多的知，来扩大你自己的认识。事实上，我们现在最大的问题是，对中国的文化根源与中国的典籍，对先贤的良言我们知道得很少，或不关心；我们对已经形成的道德规范不重视，甚至于故意把它践踏。举例来说，孝的问题是根本问题。我很早之前写过一篇关于孝的伦理的文章，这个孝是根本道理，上一代对下一代的教化、教育、养育，下一代是不是要反哺？孔子在《论语》里说得很清楚，你虽然很成功，但是奉养父母还是很重要的。不只是奉养，从孝的意义来说，它更多的是态度要好，我们说"色难"非常重要。当然还不只态度好，更重要的是要无违，无违是什么？就是不要违背上一代所追求的价值真理，不是说违背他个人的愿望——当然也是其中需要考虑到的，而是对父母所追求的价值，不能够违反，我是这样理解的。所以在这种情况之下，大家就可以认识到今天"孝"作为基础的话，我们丧失了多少？中国没有孝吗？中国当然有孝，这是孝道伦理。

至于仁道也一样，孝是仁的本，仁又是孝的本。我们关心人，关心他人，对他人尽责，这是仁的道理，是仁的本质，所以这一点对中国人来说是基本信仰。我就不知道为什么我们今天还会说自己没有信仰，没有信仰是因为有的人已经不孝不仁不义、无恩无德了，这是很危险的事。今天我们要恢复或者重建我们的信仰，就必须认识到中国人信仰的丰富的存在，和它非常根源的生命的起点。要认识到中国人的宇宙观、人生观、价值观，而且问题不是只在有信仰，而且要有坚定的信仰，要坚定地去实现，要坚定地去力行，这是最重要的。要掌握这个信仰的正气，要讲究信仰的道义，要有一个民主的尊严和一个家国的精神，这是我觉得我们要如何传承的一个重要方案，当然是要学习，要不断学习，要主动学习。

　　回到我给大家讲的国学是生命之学、人生之学，要在人生里学习。因为它就是要回到人生的问题，因为我们真正地关心人生，严肃地对待人生，我们就必须关心我们的生命价值、我们的国学、我们的文化传统。我想这是今天这个时代，我们必须说的话。中国的成功、复兴，中华民族的复兴，到了这个关头，对此更要加强。所谓"行百里者半九十"，就是走了九十里路了，还有十里路是很艰苦的。因为艰苦，我们更要下决心，要好好地去规范我们自己，复兴我们自己，这个不能有半毫松懈。这是我对年轻的朋友的一个期待，也是我今天的一个重要认识，那就是我们可以和别人不一样，我们要坚定我们的信仰。你自己不说，因为你自己没有信心，你没有知识，你没有履行你说出来的。当你一旦有了信心，有了知识，能够履行、力行，你可以说出来，这就是你的信仰，就是你坚定的信仰。我们不但有个人的信仰，还要有集体的信仰，这是非常重要的认识。

一个信仰代表一个民族的气节。中华民族在经历过一百多年来的屈辱，能够发展到今天这样的成功，我们有责任把我们传统的精华发挥出来，我们有责任为世界做一点重要的贡献，我们有责任和人类——各方面的人，和传统进行好的交流，用我们最好的诚恳来表达我们自己，表达我们的温柔敦厚、我们的尊严和价值，这也是今天可以做的事情。

好了，还有最后两分钟，我就来做个简单的结论：人生提供了文化的发展，文化的发展创造了人生的价值，也创造了我们的文字的传统、经典的传统，我们要面对这个，加以持续，不能够松懈。曾经我们没有好好地、刻意地保留和保护，我觉得今后我们要刻意地去保留和保护。我们要在教化、教育方面下功夫，要把文化作为经济社会甚至发展的一个最根本的基础。我深信中国文化的发展、中华文化的复兴会给人类带来更好的发展，更能够使人类成为符合于天地的存在，而存在下去，而发挥天地精神，能够感觉到自身的实现，也能够帮助他人，实现他人的潜力。这就是人类的希望所在，也就是当今世界的盼望所在。

实践伦理——做人与做事

各位朋友好！上一次我讲中国人有无信仰的问题，最后的结论是中国人有信仰——有内在的、潜在的信仰。这是从人的原始经验和长期历史的培养、培育积淀而成的，但是它不一定可以始终如一地呈现。因为受到时代的影响，它会表现出另一种反向的自我，丧失了自信，丧失了自己的本色，就变成了没有信仰的样子。

那么，中国人的信仰是如何修行与实现的呢？这就是今天我要讲的实践伦理。中国人的信仰就是人要成为人，必须实践，不断地去实行人之为人的方式。这是在经验里面去实现的。比如说人应该对自己的父母有关心，对同类有善意，对环境有特别的关切，包括对自己的家庭、家乡有所关切，对群体的认识有期待，能够和大家、和群体结合成为有用的一分子，达到共同的目标。这些都是人的基本经验，这些经验都是靠人自身来实现的。

人成为人，是一个长期的发展进化的过程。从原始的社会就有家庭，父母关心子女，就像我们今天看到的很多动物，母性的动物会保护自己的子女一样。但人跟动物的不同之处在于，人类的能力可能更强一点，他知道利用环境更好地去掌握自己。可能是人天生的能力，也可能是长期进化而来的。当然人有天生的敏感度，对什么是正的，什么是好的，有种自然的皈依。皈依就是他能够认识到，愿意去做它，能够喜欢自己要做的事情，喜欢的事情就是自己要去做的事情。这也是一个阶段的预设，所谓"如好好色"。对于不好的东西，认识到它不好，觉得它不好，不喜欢它就不去做，避免它，甚至于要消除它，所谓"如恶恶臭"。这就是《大学》讲的："如恶恶臭，如好好色。"

所以，中国人实践伦理的意思就是在实践中逐渐实现人的趋善避恶的性向。人从出生就有自由发展的性向，他必须让自己存在下去，能够持续地存在。这个存在就假设有善恶之分，而善恶之分是他本身在经验上可以去体会到的，这是一个长期发展的过程。我认为人类在这一点上是毫无疑问的，人向这个方面发展才能成为人：这就是要成为自己，成为个人，成为群体中的个人，能够把个人和群体结合在一起，成为共生、共存的整体。这是人作为人的整体——一个存在的生物总体或一个物种的必要条件。从这个意义上讲，伦理是人生命的一部分。

伦理是怎么来的

有人问伦理是怎么来的，伦理只是关系吗？它不只是关系，关系只是逐渐显示伦理的重要方面。我们怎么知道人是伦理的呢？我们怎么知道人不但能够有伦理的分辨、判断，而且还能在伦理的判断之中做出正的、好的、善的行为，来避免邪的、不好的、有害的行为？这就是在伦理当中，人不但有对事物的认识，也开启了自己内在的德性。这个德性本身形成一种整体，可以说是一种自然、一种天地之自然。伦理中包含道德，道德呈现为伦理。谈到这个问题，大家要去多想一想"伦理不只是人际关系"这句话，关系来自人的内在对善恶的认识、直觉和知觉。就是说对"人之所以存在为人"的原理的一种把握、一种精神的把握，这就是我说的伦理。因此它是需要去实践的。要认识到伦理的重要性，就是要认识到人成为人的重要性。人要成为人，就必须有伦理的认识。伦理的认识不只是伦理的问题，还牵涉人的自觉的能力，一种所谓内在的能力，也就是德性的自我认识。而且，德性还跟我们外在的世界，就是我们中国人说的天地能够接通，合而为一。伦理事实上代表了天地人合一的持续的体验和经验，所以它成为人的一部分。这是我对伦理的来源的一种最根本的认识。这非常重要，而且在中国人的传统当中，伦理最先成为一种关系，而且最后还要成为更大的人群，还要结合起来成为一个社群，在社会上建立起一个家国的制度。

伦理在古代又体现在中国人的"礼"的观念中。"礼"的观念当然是祭祀共同的祖先时，要有诚敬的态度、共同的情感，能产生彼此的尊重和关怀，达到能够彼此信任、协力共存的态度。同时在礼的发展过程当中，当然就形成了各种区别、各种方式、各种异态，这很重要。所以伦理从历史上讲，它体现在"礼"的出现，"礼"是以人类共同的感情为基础，产生的彼此的行为的方式。这个方式就会呈现一种条理，这种条理就体现在他是什么人，在这个群体中有什么样的关系。这种关系是很重要的，它是一种事实，是一种存在的关系。

孔子说"父父、子子、夫妇、君君、臣臣"，从关系而言，这是各种宗系的认定，从一种关系到最后组成"五伦"关系。父父子子是一种天然的血缘关系。如果从《易传》追溯的话首先是男女关系，先是生活上的吸引，有一种自然和合的关联，尽管彼此有所分别，但是彼此相互尊重，而且是平等的，是自然的。有夫妇，然后有父子，有父子，然后有子女教育。父母牺牲自己的生命，奉献出自己的生命，来养育下一代。这不是一种单纯的自私行为，是为了生命本身的繁衍而付出，是为了美好生活而达到教育子女的目标，同时也能够享受生命的美好。最重要的是在灾难来临的时候，父母是保护子女的，是牺牲自我保护子女的，这个现象也是历史上存在的，是自然发生的状态。我们看动物也是如此，这是生物的一种状态，也是天生的一种状态。当然兄兄弟弟，所谓兄弟姊妹就是作为父母的子女，他们之间也是彼此协助、帮助，求得共同生存、共同发展的关系。这也可以说是一种伦理。

除了家庭的发展，还有社会的发展。天地生人，人产生了夫妇、父子、兄弟姊妹的家庭关系，是普遍性的。所以人有这种能力，都有普遍的家庭性的依托。在家庭跟家庭之间，个人是什么地位，这就是彼此对应的关系。你是你自己父母的子女，别人也是别人父母的子女。以此心对彼心，我们把对方当成另一个自己也是可能的。这样一种关系，形成一种信赖、认同，那就是朋友的关系。所以朋友关系呢，是指大家有同样的心灵、同样的背景，或者在不同的交往情况下发现相同点，在社会中结合为邻居的能力。任何关系都是一种力量。所以父子是一种力量，夫妇是一种力量，兄弟姐妹也是一种力量，朋友也是一种力量。

人们说的所谓君臣，还有其他的人，有没有这种力量？在这里我必须说，当然是有的。因为一个自然社会在发展、制度化之后，成为一种礼制的社会。所谓礼，意味着更理性地去掌握人和人的关系，产生一些自然的同时也更规范的行为方式。这就是我们现在说的礼制，最起码是一种礼节，彼此平等，彼此尊重，彼此关怀。通过这样的礼制关系，达到更好的分工合作的目标，最后形成超越社会的政治制度、政府管理的制度。从社群的管理到国家的形成、国家的治理是因为需要其来解决个人或者家庭不能个别解决的问题。比如对抗灾难，像现在的流行传染病，需要更强的力量结合起来，组合起来，来发挥人的功能；或者对抗别人的侵略，形成自己的社会。有些社会的习性就是掠夺他人，违反了自然的平等和善意，这就需要加以对抗，加以防卫。这些都是国家形成的因素，所以过去的君主、现在的国家也都是伦理的一部分。

国家之外，我们还有整个大自然环境。因为人的存在，在地球上，从个人到家庭，到社会国家，都依靠自然资源来存在，所以这个关系还是很重要的。每个相对应存在都带来一种关系。我们怎么使这种关系能够变成一种平等、一种对应、一种相通，来达到大家共同生存，持续发展，不断繁荣的状态？这个是很需要的。所以我们讲生态伦理也是很需要的，我们讲医疗伦理也是很需要的，我们讲天地伦理、宇宙伦理也是很需要的。所以整个天地宇宙，就是不同层级的伦理关系的整合，就是不同关系所显示出来的伦理的整合。但是人们的心智往往达不到整合的目标，因为个人的自私或便利牺牲他人，为了自己的子女牺牲其他人的子女，为了自己的家庭牺牲其他家庭，为了一个国家的自私牺牲其他国家，为了人类的自私牺牲环境，这都是违反伦理的。

这就是为什么我们需要加强伦理的认识。这是必须注意的，必须进行实践的功夫。

实践的功夫

实践是一种功夫。它还是一种存在的功夫、人类存在的功夫，我们做的最起码的努力就是要维护人类存在的合理性，这样才能使自己的存在为别人所接受，同时也可以更进一步发挥自己存在的价值。所以伦理是实现人类文明的一个基本出发点，从我来看就包括人的信仰，信仰就是实践伦理。但是有一种信仰违反伦理，它否定我现在说的从自然生命逐渐发展出来的生命伦理、社会伦理。其目标就是要侵夺别人，凸显自己的霸权或者伟大，这其实是违反伦理的。宗教违反伦理，其实没有它的合法性。人们认为伦理要有宗教基础，而事实上，应该说宗教需要有伦理的基础。所以伦理和宗教作为信仰来说孰轻孰重，我觉得应该是很清楚的。从理性的判断来看，显然宗教是为了伦理而存在，而不是伦理为了宗教而存在。我认为这是很重要的一点。

在这种认识之下，我们知道了伦理的起源，这个起源就是生命。就像我在第一讲里面说到中国学问的起源就是人生，是对人生一种真切的体验，所以说国学来自人生。同样，中国人的伦理来自中国人对生命的体验，是很重要的体验，这个体验最后的归结是什么？我们看到的是至少以孔子、孟子代表的儒家传统就特别彰明了。孔子说的：人之性是相近的，因为习惯而相差甚远。所以人回到自己的生命体验是很重要的，这样才能够懂得伦理是人生的一部分。孔子说的"人之生也直"也很重要，"直"的意思很明了，他要生存下去，必须面对他生命中的现实和环境，包括其他人、其他人群、其他社会的存在。所以我们不能这样假设人可以宰治一切，宰治他人，这是不允许的。当然孔子还有很深的寓意，我们待会儿再讲。你从生命直接的体验中会反思到关心他人的仁者之心，这是很重要的，这是一种伦理。各种不同的层次，最后总结出来就是一个仁心——仁者之心。

仁者之心最后是人要去体验它的，人要去实践它的，人要去实行它的。如果你今天能去实行，那你今天就是一个有伦理的人，明天你不实现，你明天就丧失了伦理。这就是为什么我们今天讲中国的现状，很多人丧失了信仰。不是他们没有信仰，不是说他们不可以有信仰，而是他们丧失了信仰。他们没有注意，他们不关心，他们不关心自己的族群，不关心自己的历史，不关心过去历史的教训或者经验。他们盲从于他人，忘却了本源，不能够回到自己的本源。本源是一个不断生成的机制，就像泉水一样不断涌现，你丧失了本源就没有力量来恢复自己。

孟子作为特别强调伦理的哲学家，他就强调人的性要回到"本"，回到本性，对本性的自觉，就是本心。所以他直接就说人是一个善人，人之所以能够有伦理，就是因为人生在天地之中，有内在的善性。内在的善性在孟子来看，就展现成为"四端"，所谓仁义礼智。这"四端"结合起来就是最根本的人性内涵。所以中国伦理的重要性，从理论上讲是人的一种界定。我们可以说人是一种伦理的动物，其实动物都有某种程度的伦理性，只是它展不开，只有人能打开他的胸怀，他的伦理性和他的理性是结合在一起的。因为人类有灵性，来帮助他打开胸襟，让他认识到人和世界的关联，人和其他生命体的关联，人和他所在族群的关联，人和人的关联。所以这是一个中国人的根本思想，人是伦理性的，但人也是理性的。他不只是理性的，他也是伦理性的。我觉得中国人的认识可能比希腊人的认识更多一点吧，强调理性之外的伦理性。从儒家的观点来看，我觉得这是需要特别注意到的。

那么现在我们要讲的就是伦理性怎么展现的问题。我想大家会觉得："哎呀！这个伦理学或实践伦理该怎么学，怎么做？"

　　我认为一个基本的态度就是，它当然是需要学习的，但更重要的是明白自己对自己负责任。因为最后的目的是你在伦理当中成为你自己，这个是很重要的一点，你不光只是在外面去学习，也不是为了他人，而是为了你自己成为人的一个存在体——可以持续存在的存在体的需要。孔子所说的差距就是："为己之学"和"为人之学"。当然了，你说这个"为己"究竟是什么意思？"为己"的意思就是"我怎么样成为我自己"。成为自己你才能联系到别人，你才能够去帮助他人，不是说一开始就能去"为人"。"为人"有两个含义，现在我们说"人人为我，我为人人"，你的工作都是为了社会，就是"为人"。但是在最原始的意义上，你的存在目标是让自己成为一个完整的人，一个独立的、能够自觉、能够为善的人，这个叫"为己"。你要成为自己，这就变成一个很哲学的问题了，你怎么成为你自己？你首先成为自己，然后才能关怀他人，这个是很重要的。你要成为自己，必须在生命当中思考你存在的意义。同时也要学习，因为人类在历史发展的过程中有很多不同的因素，有的是正面的，有的是负面的，让后来的人们眼花缭乱，不知道哪个能够更好地帮助我们发挥自己，能够建立我们自己，形成我们自己。所以学习有所必要，是把前人已经积累的一些价值、一些规范、一些信条、一些原理，透过理性认知，进行理解。理解之后才能够潜移默化，在逐渐实践的过程当中，去发挥我们自己，成为自己。

在有些事情上我们可以举例子，比如：人要不要说谎？人要不要守信？

在逻辑上，说谎是可以的。但是为什么要说谎？为什么不说谎？这还是个问题。就好像问：为什么要做一个有道德的人？不做一个不道德的人？为什么你要尊崇伦理而不违反伦理？因为从我们学习当中看出来，说谎造成的后果是能毁灭个人的，而不说谎是成就个人的。成为一个不说谎的人——当然不说谎还有更深层的意思——成为真诚的人，能认识到真和假的差别。我要做一个真人，不要做一个假人；我的话要成为真话，不要成为假话。不说谎不但有利于自己的行为来达到一致的目标，同时也有利于他人，能够信任我们，达到我们共同的目标。这是一种历史的经验，像小时候"狼来了"那样的故事，让小孩知道说谎不好，不说谎比说谎好，所以这需要学习。但不说谎也是人的本性，人本来就可以自己了解到不说谎的好处。古代打猎碰到狼来了，你告诉同伴，那是好事；但是没有狼来，你以说谎取得一时快乐，最后的结果是自己倒霉。这是从经验里面学习到人之所以为人的基本道理。

同样像守信不守信也是一样，你答应别人还钱、还东西要兑现。当然你可能会忘记，但是在自然情况之下，你一定知道你是要还的，而且你向人借东西，肯定是要还人家的。

可是到后来不还，这也是个问题。很多人利用机会就逃脱了，这样对他们的存在是有危险的。他们无法和别人合作，别人受一次骗，不会永远受骗。

所以在人类社会里的两个要求：不说谎和守信。这是最基本的做人的道理，对个人、对父母、对社会都是重要的。我们可以看出来，伦理的基本原理是从生活实践里面来的，必须体会到这一点。很多人因为说谎成为习惯，骗人成为手段，而且是因为成功的关系，经常使用这个手段成为习惯，最后的结局还是不好的。因为他们是反社会的，反人性的，反人的存在的，所以伦理的重要性可见一斑。这是最起码的伦理实践功夫。

伦理的层次

伦理还有很多层次，因为涉及做人和做事，所以我把这两个进行了区分，说明它们之间很重要的关系。

刚刚说了为己之学，为了自己成为人。要做人就是以人的姿态出现，用行为来实现人的存在，这个存在是要人加以努力的。存在是一个现象，但是你要使这个现象呈现出你的存在的自觉，它就不只是现象；它还是本体，这个本体的表现就在于我有这样的真实，我就表现自己。所以在做人方面要求真实，而这里说的做人还涉及对人好不好，是不是很受人称赞，这是社会的目标。但基本的做人是对我们自己负责任的，我做人正直、诚恳、守信，那么别人自然会尊重我。这并不是要讨好别人，并不是有外在的原因要这样做；而是有内在的原因，就是成为人的原因，去进行这样的认识。这就是内在的自觉，这就是我们说的基本的伦理方式——做人。

当然做人有很多方面，比如对人好不好，有没有善意，或者因为礼节需要做出逢迎的状态。做人也有很多区别，你没有恶意，并不表示你一定有善意。所以至少没有恶意，这是做人的态度。你的言行要达到做人的标准，这是逐渐规范出来的。那么做人在这一方面，表达你的人格的尊崇，并不是说你要特意地去阿谀别人。为了使别人喜欢我，使我变得很受欢迎，或者哗众取宠；或者要做一个网上的明星，故意要讨好别人。这样做人的话，我觉得是第二层次的，不是原始层次的，不是真正做人的道理。做人强调真诚，有人不真诚，可以做得很真诚；有的人不守信，可以做得很守信。这样，是会做人还是不会做人，就变成一个基本问题。

我们要面对这个"做人"的概念，可能需要经过一个批判。什么叫做人？做人是发自内心的正直的行为、勇敢的行为、正义的行为、仁爱的行为。孔子说的"仁义礼智信"，是基于这个行为规范做出的人？还是说有另外的一个标准，为了利益，为了讨好，为了某种隐藏的目标，这个叫做人？还是说这像是做人，其他不像做人？

做人在很多方面可以说具有所谓的策略性。一个国家也好、一个社会团体也好、一个企业也好，都是目标性的。当然，国家或企业的目标正当不正当是另外一回事。但是在个人方面，我认为策略性是做人的一个歧义、一个差别的意义，就是大家所说的"圆通"吧！很多人就说"你做得很圆融啊！"。所谓会说话，会来事儿，人际关系很好可以升官发财。这是一种技术，就是把做人当成一种技术。当然有这种技术，又有一种真心，那也是好的。但没有真心只有技术，这是我说的那种做人。很多人强调这种做人，就像厚黑学说的"皮厚心黑"，阿谀奉承，委曲求全。似乎这也算一种德性，但是你是有目标的，政治目标、经济目标、生活目标；你是有阴谋的，历史上有很多这样的人啊；你要逢迎他人。这种做人，不是伦理学上的做人。我们要求的做人，至少是伦理学上的做人。那些做人的方式是否符合伦理的要求，这需要个别探讨。也许有的目标是高尚的，是为了更好的整体，是为了牺牲自我，所以并不是说那些方式都是错的，要看什么样的目标。有的目标显然是错误的，是虚伪的。关于这种虚伪的人孔子也说过，是"乡愿"。做出姿态，其实是要达到私人的目标。所以这里有些差别，需要举出来。这些差别是公私之别。假公济私当然是不好的，用自己的职权来牟利，挂羊头，卖狗肉。所以为什么孟子特别强调"义利之辨"？当然还有很重要的善恶的问题，心里有坏目标的，但在行为上表现出特别友善、特别亲切、特别合乎伦理，甚至子女骗父母也是有的，这都是"乡愿"，反而是恶中之恶，是践善行恶，我们要特别警惕。

伦理是要人做到真实的人，做真诚的人。这点儒家是很强调的，儒家是要从根本上去解决这个问题，就是人要回到自己。所以说这里有一个本源的问题，有一个德性的问题，有一个最后承担责任的问题。关于本源的问题，孟子说得非常好，"反身而诚"，这是最根本的问题。诚，诚恳，真实，对人很真实。《中庸》里讲"诚者，天之道也；诚之者，人之道也"。天是真的，我们可以长久地去体验它的存在；我们在天下去实践我们的本性，把我们的本性发挥出来，呈现天一样的真实，也是好的，那就是"诚"。诚是德的根本，有了这个诚，就有了天生的伦理。它是一种善之源、一种善念，然后来实现一些德性。所以伦理一定可以走向我所说的德性主义，或者德性论。

德性论

为什么"德"那么重要呢？德就是一种伦理，一种基于"人之诚"产生的伦理，有诚才能够感受到他人，感受到天地宇宙的存在，感受到事物的真相。为什么孔子提出"仁"的概念来，也是在诚这里看出作为伦理的基础。仁的自然基础在于自己是一个真诚的人，能够"反身而诚"，能够在诚当中认识到真相，所以"诚而后明"；认识到真相，更能够掌握自己的真相，"明而后诚"，这是儒家特别提出来的重要理论。

在实际的认识当中，我们还是可以感觉到它的真实性。我很早就深刻地体验了这个基本道理，就是诚和明的关系，有了诚、明的关系才能够产生仁和义。仁义，是考虑到他人，我常常感受他人，我们聪明，能够通过我们的五官、思想来感受他人，所以孔子说："仁远乎哉？我欲仁，斯仁至矣。"仁就在我身边啊，因为仁本身是一种善性，当你能够把自己的德提到一定的深度、厚度，持续地发展，你自然能够产生仁心。这个仁心是什么？就是以他人为己，以己为他人的一种沟通能力、感受能力，一种同情心、同理心。至少从具体的行为而言，"己所不欲，勿施于人"，我不要的，我也不强加于别人。当然这并不排斥我不要的东西，对我没有用，我送给一个慈善机构，这也是可能的。所以，人的东西可以分成你所要的，你所不要的。你所要的东西你要不要给别人？你不要的东西你要不要给别人？有时候我们所不要的东西，对别人很有用，那我们也不妨作为一种施与，给那些需要的人。比如很多书我读过了，不要了，或者多了几本，我就送别人，别人很需要。所以对"己所不欲，勿施于人"这句话也需要很好地去了解。西方宗教里面则说"己所欲，施与人"，要正确地去了解，己所欲的东西施与人，有些东西不适合施与人怎么办呢？所以这里还要有一个分层，这里面就假设了理性的判断，主要是以对方受益为目标。这是一个基本原理，这是"己所不欲，勿施于人"。

当然，儒家进一步提到"己欲立而立人，己欲达而达人"的命题是人主动性的一种需求。换言之，我要做到的目标别人也希望做到，那我能不让他做到吗？肯定要拉人家一把。我拉别人，别人也可以拉我，大家合作共济不是很好吗？这样彼此都能够达到共同目标，建立一个生命和谐的共同体。至于怎么去做，怎么去达到，这是集体的要求。集体的要求是儒家很重要的一个原则。

在西方的伦理学里面，康德哲学里有完美德性和非完美德性的分别。不说谎、诚恳和守信是完美德性。但是"我要不要去帮助别人""我有没有责任去帮助别人"，对康德来说这就变成一个根本问题。在他的第二批判"实践理性批判"中特别提到：我没有责任去帮助一个懒惰的人，因为人的生命是要自己负责任，我怎么去帮你呢？《圣经》里面也有一个故事讲上帝问一个哥哥："你弟弟到哪里去了？"他回答说："我也不是他的牧者，我不知道他在哪里。"你不需为别人去负责任，这个其实是最大的问题，这个问题可能就是个人主义与社会主义的一个差别。从个人主义的眼光来看，我只对我自己负责，我做好我自己就可以啦！我得到我自己的生活，关于对别人，我不想插手。他要做一个懒汉，他要做一个醉鬼，是他的事。他要做什么我不管，没这个必要。所以康德认为德性是不完美的。不完美德性到底能不能成为完美德性，这是个哲学问题。但是，从儒家来看德性可以变得完美。我们对自己的同胞，对其他的人，要关心，他们在适当的时候需要得到其他人的提携。当然，在特定的过程当中，在关系当中，父母有管理教育子女的责任。同样地，在我来看，在特定的时空当中，子女也有孝顺父母的责任，这是责任的问题。只有关心他人，才能成就完美的德性。

但是社会这么大，我能够拯救所有的人吗？我能够去管隔壁邻居的懒惰吗？这就变成一个基本问题。从儒家立场来讲，首先要关心这个问题，然后要建立好的制度来解决它。比如说有人生病，但没有人帮助，你为什么不能帮助他呢？有人没有钱受高等教育，假如制度好的话，他们怎么可能没有机会受高等教育呢？一个社会能不能使人变得比较勤劳，能够自食其力？假如是老弱残障怎么办？像《礼记·礼运》里说"鳏寡孤独废疾者，皆有所养"。这些都是政府、国家应给的福利。假如是一个正常人、一个年轻人，我们就希望他自己能够走向正当之路。我们有没有责任去帮助他走向一条正当之路呢？儒家哲学的美好之处就在于它认为人都有这个责任。只是在不同的情况之下，怎么直接实现或者是间接地实现这个责任。像我们从事教育者就是希望能够帮助青少年成为勤劳、可靠的人，这种社会责任还是应该有的。我们也有责任去检举犯罪行为，多做慈善的事业，去帮助需要帮助的人，去鼓励能够鼓励的人，把德性推广到各方面，使人人都成为非常完美的个体。

这就是儒家的"仁者之道"，在"诚明"的基础上实现仁爱，以天下苍生安危为己任。仁者，还是有直接的行为的。当然我们可以说仁者多劳，因为"仁"要给人更多的权利，能够建立制度，在行政上能够施行善政，这些都是社会走向好政治的基本需要。所以伦理是逐渐展开的，从被动到主动，从个体到集体，这样就变成伦理的社会。假如社会没有伦理，只是自私，求得利益，人人各自为己，这就有问题。这些问题我们在这里也不必太过分地去谈。

但是有一点，关于环境伦理要谈到。今天我们遇到了疫情——传染病的问题，从某种意义上讲，环境对我们的影响是很大的。一方面，人要进步，当然要利用环境，甚至于要改变环境。但是在哪种情况之下利用和改变？不是把地球和人类的生存环境灭绝掉，而是给它适当的生机，甚至于能够彼此滋养。人也能够帮助环境，改变成为更好的生态，比如说有更多的水草、更好的土壤。因为环境也好，人也好，都是在生命的要求之下，环境也是生命的一部分。如果我们破坏了环境，就等于缺少了生命的资源，对我们有什么好处呢？为了人类未来的美好生活，我们要更好地保护环境。生存是第一位的，不能因为我们个别的需要而破坏整个生态发展。比如说让我们缺氧，让我们缺水，让我们缺很好的土壤，让我们的空气污染，让我们的海水变臭，或者是让我们生物链上的东西变得有毒，这些都会带来人类的生存危机。环境伦理应该整体思考到这些，所以伦理是可以发展的，是与时俱进的，是和人的发展联系在一块儿的。一旦人们不考虑伦理，伦理也就变成不进则退的状态，人类就会遭受到灾难。历史上的各种疫情，甚至于一些灾害，各种不同文明所经历到的灾害，都是人们因缺少对生命的认识、对生态的一体性的了解，而缺乏伦理的情怀。所以伦理是要整个来看待的，这就是伦理的重要性。

总结来说，从个人德性的建立到德性的成就，伦理有一个过程。

中西伦理的互鉴

到底有多少伦理？"五伦"是最基本的，但并不是说只有这五伦，另外还可再加一个群体伦理；也并不是说没有这个群体伦理，中国其实也讲究群；也不是说中国没有生态伦理，我们也有生态伦理。我们还有一种根深蒂固的天地与人的互动、一种天人合一的伦理，这种伦理是深刻的生命的现象。它是本体的生命，展现出自己的能力。人类要发展就必须遵守伦理，必须把自己掌握成为人类发展的重要的贡献者。所以伦理者，不仅是要自我发展，而且是要自我管理的。我曾经说过这样一句话："伦理者，自我管理也；伦理者，内在管理也。"伦理是要内在地管理自己，发挥人的作用。相反，管理是外在的力量帮助人的发展。管理就是群体的伦理，是外在的伦理。外在和内在是统一的，群体和个体也是统一的。这是我们对伦理的更深刻的认识。

就儒家的伦理，我们再进一步来了解"仁""义""礼""智""信"。"礼"这方面刚才已经提到了，"礼"就是整个的规则，在不同层次上来固定我们对自我、对他人、对环境、对社会的关怀，建立彼此相依的管理关系，来掌握生命本身的可持续性。对"智"的了解，我觉得儒家还是发挥得不够。"智"当然是智慧，智慧包括知识。所以"智"是通过知识，通过不断的求知，来不断地认识世界，认识自我，认识他人。只有掌握具体情况，才能够相应地做出伦理的决策和决定，而行为之。所以这种知识代表一种"明"，如《中庸》说的："诚则明矣，明则诚矣。""智"是代表这样一种认识。"智"是掌握真相，掌握事情跟我之间关系的真相，做出有利于我的伦理发展，有利于整体环境和人类共同发展的决定。这就需要共同的决策、探讨，以及对知识认真地追求。《大学》讲"格物致知"，这固然有很多理解，如朱熹、王阳明，但是从现在的诠释学，即我说的本体诠释学来看就是对自己进行透彻的认识。格物，当然是对物本身的认识。不管是怎么掌握这个物，掌握物就是认识它。认识它有很多层次，包括整体的认识、概念的认识、具体的认识。那么怎么去了解它的生态，了解它的关系？这种关系怎么为我所用，又能够帮助环境？所以格物绝对不能像王阳明格竹子那样失败，而是要展开心胸去探讨真实，探讨真理。这是我们还要强调这一点的原因。

就是说在知行合一的这个要求上面，"知"必须是开头的。要面对自然事物和人的存在，还有对其他生物存在的认识，然后再掌握它们深层的机制，能够避免不关怀的冷漠的处理，能够导向更好的人跟物、物跟人、物跟物、人跟人的和谐的关系，这样才能够达到格物致知。这个"知"是一种深知，深知就是你掌握到了真实，深知才能够诚其意，诚其意之后你的心才能够做出判断，这就叫作正心。所以《大学》里的道理，我觉得还是很重要的。我曾经在这一点上很赞成朱熹，但我也不反对阳明。阳明和朱熹他们两个是相统合的，没有朱熹就没有阳明。阳明能够把"知"叫作"良知"，"良知"也是"知"，它代表一种善意的"知"，"知"里面带着透视，对事物真相的认识；同时，它也产生一种对事物关系的认识，叫作善意。掌握它们之间的关系之后，会产生共同的智慧、整体的智慧。这样的认识也叫作知行合一，从另外角度看，我就叫它"人知合一"。这个人的关键是他人，这个

"知"的关键是外在的事物的存在的真相，人与"知"互动，形成良性发展。在"人知合一"这一块，我觉得做得还不够，今天在社会中伦理的缺位，导致人也缺少了"知"。这个"知"其实是跟科学的知识相关的，等待我们去发现；发现之后，才能发明。如果我们不去发现，对很多事情没有好奇，不求其究竟，不求其根源，那怎么发现事物的真相，怎么得到事物的真理？

在这一点上，西方人强调科学的真理。尤其在近代启蒙之后，英国透过洛克、培根从具体归纳上去掌握事物的真相，欧洲透过笛卡尔、莱布尼茨，又受到中国的影响掌握抽象的真理。这个很重要，我觉得中国人是有的。这里伦理本身又是对物理的认识，就是我们怎么来开物成务。今天我们要发展科学，并不是中国人没有这个能力，而是中国人没有把精力放在"知之为智，智之为知"上，对万物的认识还不够深刻。对很多高新技术和前沿理论发展的认识，中国人其实是很有能力的，但是他只关心个人伦理。所以伦理还要开放，只关心到个人的伦理，不关心整体的伦理；只关心到自己的家庭的伦理，不关心到国家的伦理，或者世界的伦理，或者宇宙的伦理，那就没办法发展科学的伦理。科学也是要有伦理的，不但科学家要有伦理，科学也要有伦理。怎么发展它才能够符合世界的发展的认识，能符合人的存在的需要？人的存在又怎么符合宇宙发展的状态和进程？如此思考我觉得很重要，这就说明中国的伦理不一定和西方的科学相反。我们要给西方科学一个新的认识，西方的科学有它伦理的含义，但我这儿没有时间来讲这个道理。

西方古代产生的天文学，对于太阳系有一些正确的认识。从近代17世纪出现的牛顿物理学，到20世纪出现的相对论、量子理论，这些都含着某种存在结构的概念，同时也有某种存在关系的概念。它们也代表某种伦理，这种伦理是相对于人来说的，因为面对这样一个多变的世界、不确定的世界，我们应该怎么去面对？我们要更加团结起来，还是更加存在分歧？或者是我们更要自私，还是更要合作？这些都是伦理的决定，这里面的伦理，包含着一个根本的原则，就是寻求真理整体实现的原理。这种原理我认为就是"无上命令"（imperative），一种必然的、绝对的命令。伦理有内在的必然性，因为生命本身要存在，就必须符合这个内在性。这点不是说像康德一样，每个伦理的行为要符合一般性、必然性。我们讲的科学要发展也需要伦理性，尤其在今天要发展高智能的科技，比如说制造机器人。我们特别要注意，这些技术包括基因技术，涉及生化原理，我们怎么样去符合某种整体的需要。假如为了自私利用机器人，利用微生物的病毒来达到自己的目标，来伤害其他的国家或个人，这就是自取灭亡。

现在全球新冠疫情引发大家深思，我觉得应该得到教训。人类应该形成一个大的自觉、大的反省，不要纠缠在追求自己的利益，来占他人的便宜上。我觉得这对需要伦理发展的一些传统来说是很有必要的。

讲到这里，我就再说一下西方的传统。

大家会问中国的伦理跟西方的伦理有什么差别，我这样来说好了，西方人的伦理开始点也是在关怀人，而且是为了人类来反抗神话中的宙斯（Zeus）。比如说普罗米修斯（Prometheus）——从天上偷了火的巨神，来帮助人的存在，这的确是很崇高的行为。那么对神来讲的话，这何乐而不为呢？但他怕人的竞争。就希腊人来讲他们有神庙，并不是说放弃对神的信仰，并没有消灭对方的意思，所以开始还是一种爱的关切、一种慷慨。希腊人强调这些，最后得到了一种伦理，就是人的关系。从早期他们文化发展的关系得来，强调四种伦理（四种德性）：一种是自我节制（temperance）；一种就是正义（justice），群体生活要有正义；一种是智慧（wisdom），个人生活要有智慧，尤其是在行为上面，要做到很柔和、平和，该做的事情去做，这是人做事的一种状态；另外就是做事的勇气（courage），能够勇敢地去做一些该做的事情，包括某些冒险。这些德性，跟儒家相比来说的话，也可以说相当于一条捷径。

当然，作为早期的西方海洋民族，强调的是去征服，去殖民。但他们自身的伦理，还是很重要的。那中国人呢？中国是在农业社会成长的，强调的伦理是与大环境密切接近的，特别强调人与人之间的和合、合作，所以其伦理跟《易经》上的"天人合一"相近。同时也体现在《尚书》中说的"克明俊德，以亲九族。九族既睦，平章百姓。百姓昭明，协和万邦"，具有博大的包容性。而西方强调的则是个人的自主行为，如果个人行为真能扩大，他也可以做到像中国的这种开阔的境界。

这里有个基本问题，就是西方人的德性主义与中国人的德性主义是不一样的，不一样在哪里？是他们先天的自身经验的不同，而产生西方和东方的不同。我这里要强调的这一点，实际上是在伦理的形态上的差别。

在西方，从希腊就已经开始了。刚才我提到的就是西方对外的征服殖民的发展方式带来了很多问题，它的社会具有双重性：公民和奴隶。这里我就不便多谈。希腊社会、雅典社会就有奴隶制。当政者有宽裕的时间从政，底下也有奴隶为他们工作。这些奴隶可能是另外城邦的公民，通过战争被俘虏或买卖丧失了人身自由，它是双重制。双重制意味着奴隶在政治上永远没有权利，那么什么时候开始有了权利？我也不知道，但是它需要解放。

这里有一个重要的点是什么？就是对人的了解，有两个模型：一个是希腊的柏拉图模型，另一个是刚才我说的中国儒家的模型。希腊的模型是什么？柏拉图的模型就是人内部是矛盾的，人有理性，有欲望，也有感情。但人必须发展理性来压制欲望，控制欲望，欲望必须被征服，被压制。幸好人的感情是偏向于理性的，欲望可以被压制。这个模型对人来说就是理性的人格是光明的，那欲望只是一个生产工具，这样就变成两重制。

对中国而言，天地给我们的性和命是一体的。性中有命，命中有性，性命一体产生了所谓"情"和"心"——心志。它是逐渐发展出来的整体。在这个整体里面，身体的欲望也是性之一面。如《孟子》并不否定人性，人之性可以有欲望。欲望是命的一部分，它跟性的主动性是相辅相成的。人内在的调和会投射到社会上演变成一个整体的和谐。所以从这个层面讲，中国人不强调阶级的划分，不强调谁是主人，谁是奴隶。这一点我想是东西方很大的差别，这个差别是我注意到的一个现象。

在西方，从伦理学的角度上，从古希腊开始就有这种二分法。人的整体的二分，在柏拉图就是理性和欲望，在亚里士多德就是理智和行为。理智就是最高一层，是有神性的，而人的行为只是满足欲望而已，当然要做到一种中和的地步。把这个能力再扩大成为政治能力，就变成谁是理性、谁不是，谁更为重要、谁地位更高的问题。所以在西方的政治当中，就有二分法存在。这种二分法其实就是把理性和欲望完全对立起来，甚至要通过上帝来解决欲望的问题。同时在政治时事当中，常常要防治欲望，防治人的所谓低下的存在，来对立于高尚的存在，这种上下的对立不能统一起来。中国讲"性"，像《孟子》所说"钧是人也，或从其大体，或从其小体"。性是天之所命，所以它是整体一致的。扩而大之，人跟宇宙也是整体一致的，彼此是和谐的关系。所以我这里要说明的一点就是西方的伦理学，很可能导向超人的伦理学说法，就像理想家所想象的，这是一种上帝伦理学的说法，会导向霸权政治。

很多西方人认为东方人文化不正，或者东方文化只是生产，而没有理性。这是很错误的。我认为还有一个这样的问题，西方的文明总有二元论的分歧，不把人看成是平等的。虽然名义上要求平等，那是对内的平等，对外不讲究平等。所以国内可以很民主，对外绝对不民主。因为他们不把你看作自己人的一部分，他们把外部看作需要被征服、需要控制的额外的存在。这一点我觉得跟中国人的开放的伦理观和宇宙观是不一致的。

我在这里特别强调差别，主要说明伦理学的重要性。实践伦理必须从一个正确的认识开始，也许人类在未来的发展当中还需要对伦理的实践究竟是怎样一回事不断地学习、不断地反思。我今天提出实践伦理这个概念，就是说实践人之为人的道理，对人类来说是很重要的。对我们中国人来说，它根本就是中国人的道理，就是我们所说的国学的核心部分。所以我们学国学、读经典、反思、观照自心，到我们信仰的重建，再到实际的实践，都是伦理的实践。但这个实践不但不反对或者排除科学的认知，反而要把科学的认知作为知识的一部分，来更多地、更好地进行伦理价值的实践。这是需要去认识的。

重建整体人类伦理学

我曾经提到"整体人类伦理学"的重建，那是20世纪90年代在武汉大学做的一次重要的演讲中，一共有八九讲，但是由于计算机问题，结果由讲座的录音带整理出来的文章被销毁掉了，录音带也找不到了，很可惜。我在其他的文章上面也多次提到整体人类伦理学，这也是我对西方一些学者提出所谓的全球伦理观念的回应。在芝加哥曾召开全球伦理的会议，当时我没有去，我的好朋友刘述先教授去了。后来我到图宾根大学去举办讲座，开会，德奎利亚尔就来看我，我们交流了一次。我说你的全球伦理提出来非常好，我们中国也有这个爱的伦理。虽然他以基督教和天主教为背景，但他认为中国儒家的"己所不欲，勿施于人""己欲立而立人，己欲达而达人"，是全球伦理必须遵从的。我觉得更重要的是东西方要更好地融合，宗教和伦理之间的关系还要整合起来，这个整合还代表人和天地之间的关系的认识。在这个问题上，我们谈得非常好。

后来我对"整体伦理"又做了梳理，今天我们也可以作为一个基本的框架，提出来作为结论：人在面对真实成为诚的人的时候，在诚而明之、诚明合一的基础上实现仁和义，实现对人的关怀和对正义的坚持，实现认知的开放。所以我强调仁知合一，也强调行为的整合，强调仁跟礼的关系。在仁礼的基础上，在仁知的基础上，我们才能了解到知行合一的中心思想会成为深层的人类存在的良知。因为良知已经加深了人的本善，在这个意义上讲，我是一个本善论者。对阳明的那四句话，我把第一句改为"劝人之善心之本"。人就是本善的，但是要深度去思考，去体验。通过教育，通过对社会的整体价值的认知来持续发展。这是很重要的一个认知。然后，我们才能建立德性。在仁知合一之上，我们才能建立信和敬的认知的关系。我们为什么要信他人呢？首先我们要自己可信，我曾经说假如我们都是伦理的人，那我们就不会欺骗他人，我们的互联网就变成了互信网。我们要建立"互信网"的世界，就是要建立一个大家生命与共、荣辱与共的整体生命的共同体，这是人类发展的基本方向。中华文明的伦理学的重要性就在这里，而且应该要推广到全世界，可以被吸收成为伦理传统的一部分，从不同的角度来实现诚信的社会，来实现人类彼此尊重、互敬的社会。

我觉得回顾人类发展的历史，基本上是以人之德为基础的，诚明之后是要实现人之本体的存在，就是人之德的存在。而这个德是符合天地万物运行之道的一种存在，是一种力量。那么德的存在可以有很多方式来表达，最需要强调的就是德要成为一种责任，一种对人、对己、对社会的责任，在不同的情况之下呈现不同的责任。那么它也是一种良知，是我们自觉的认知，认知它为责任。我们把德转化成为规范，方便大家的遵从，因为从知到行需要规范化。这就解决了从"是"到"应该是"的问题，"应该是"是人的意志所规范出来的行为方式和方式所遵从的规则。这就是人的本性产生的德、产生的结果，是责任，它是良知，也是权利。因为做人有责任也有权利，权利也是尊严之所在，要按照内在的德，为整体的人类进行服务和奉献。这就是中国的伦理。

在这个基础上，我们才能说利之所在，利是责任、良知、权利整合在一块儿之后的结果，这个结果是有利于人生的。利不是独立于三种价值之外的存在，而是"利者，义之和也"，它是整个存在的伦理的基础。功利主义者往往漠视了人的良知，漠视了人的责任，漠视了人的权利，只追求利益，这或许是真正的问题之所在。但是在有限的或者已经规定好的游戏规则里面，我们只追求利益。比如我们下棋只是为了输赢——那这是种特殊的规定，是一种游戏。经济在讲究管理时可以说就是一种自我规定的游戏规则，来达到发展经济的目标。但是这个规则在理论上讲应该不能违反责任、良知和权利。这三样东西是发自人的内在的德性，这个内在德性又是立足于人之为人的道理。这就是我关于伦理学的一个架构，可以用来作为实践伦理的重要表达。

第五讲
中国人的管理智慧

上一次我讲的是"实践伦理——做人与做事",这是很重要的一讲。中国国学的基本精神就在于实现和体现人之为人的那些德性,然后建立伦理,伦理里面包含了道德,道德包含了本体。

今天是我计划的第五讲,从伦理到管理,题目是《中国人的管理智慧》。中国人的管理智慧涉及的面也很广,如人认识到的道、认识到的心、认识到的脑、认识到的手、认识到的外在世界的一些机制等等。

中国人的管理智慧,首先我们可以从做人和做事说起,这是第一部分;第二部分再说管理本身的两个方面,或者两个取向,或者两个范围;第三部分是中西方管理的差别;然后再看中国管理的模型,所以排第四部分;第五部分,我谈谈人类未来的管理，它的一些问题在什么地方。

从做人做事到管理

就第一个问题来说的话，做人跟做事是连在一块儿的，做人最后不能不做事。做人是对人的态度，是一种言语、一种行为，但是都会涉及一些具体的情况；做事指要做的事情，比如说一个承诺、一个守信，做事的责任感，能不能信托，能不能信赖等。对人的态度是达到成就共同文化、共同世界的重要的起点，比如说只有建立在人的彼此信任、彼此尊重的做人的态度上，我们才能谈做事。做事在这个意义上讲，必须先要假设做人的重要性，当然做人的行为在做事中一定程度表现出来，所以做人也必须在做事中去了解，去实现做人做事的德性，我们可以再进一步建立信赖。

这里我们可以举出中国历史上大禹治水的例子。大禹治水是做事，那么大禹能够去治理洪水的泛滥，那是一种信赖。即使他的父亲鲧受到惩罚，他还愿意继续投身治水的大业，这是他做人的基本道理，这个道理我觉得是一种德性。从中国的传统来说的话，大禹治水代表的既是人基本德性的发挥，又是在接受工作时的那种可信赖度，更重要的是他的能力也发挥了出来。因为既然是承诺要治水，就一定要做到他最高的地步，做到最好的部分。所以大禹治水能够成功，就表示说他的智慧、他的才能可以发挥。在这种信托之下，在他个人诚恳的态度之下，能够达到一个目标，大家一致公认的目标。所以这里可以看出来治水是一件事，起点是人的可信任度。最后他成功了，当然这个结果是大家可以预见的。这即是所谓事必须要求其圆满，要符合这个客观的标准。治水是要让水能够退出，让人们能够得到拯救。大禹从做人到做事，从做事到做人，最后能够继承尧舜而为夏代的开始者。所以大禹治水是一个很好的做事的例子。

既然做事，就会涉及管理的问题，涉及群体。因为做人是个人的事，但是一旦涉及事，就涉及其他人的盼望或者计划，涉及我怎么去做这个事。把事情做好，就变成客观的要求和客观的行为的需要，这就是从做人做事到管理的情况。

另一个传说中的例子就是愚公移山，愚公移山也是一件事。真的要移这座山，那就要好好地计划，要有决心，要有耐力，甚至要像愚公一样，能够一代一代地去推行。所以这也涉及个人的德性、心愿，甚至于让他的家族也跟进，最后能够达到移山的目标。这是一件事情，移山的目标当然也会涉及更多人的关系、福利。所以，从做人做事到管理是我很重要的一个想法。

管理的两个范围

什么是管理？当然说到这里，做事做人都涉及管理，涉及众多人的事情需要管理，涉及一个人的事情也需要管理。管理是把一些不同的、个别的工作事件组合起来，达到一个目标，比如说治水的目标、移山的目标。就个人来讲，个人单独的时间、片段，不同的行为、行动、劳动，以及其他人、群体的帮助来达到一个目标，这种劳动需要组织起来、组合起来才能达到群策群力的作用。所以管理一定涉及群体，更涉及个人，而且是以个人为基础的群体。所以这是我特别要强调的管理的概念。当然管理这个词可能还是从西方引进的，因为现在的管理学说的是 management，就是手的动作，这是西方的语义，中文的管理涉及更高层次的心的运用。

首先，管理就是要把事情理顺，要呈现组织的秩序，能够井井有条，这个叫理，管理使它井井有条。那怎么叫"管"呢？管的原始意义应该是说大家的行为如有一致的地方，那么主持人就可以管这个行为，就能够主导这个行为。管字代表吹奏的乐器，比如说一种箫或者一种笛，它的声音、节奏能够带动大家行为一致。所以管理涉及要组合大家的行为，达到一致的结论、韵律，来共同实现组织的条理，来完成工作的目标。这就是管理的意思。管理思想是指用心、用感觉、用思想，甚至于用手操作来达到整体计划的目标，也符合自然或者是可以理解的道理。理很重要，呈现一种持续、一种理行，能够让一个事情完成。所以它是一套方法，一套可以达到目标的方法。

在这个意义上讲，中国的管理的概念和西方还不完全一样。中国是用心来了解管理的作用，而不只是用手。但是手也很重要（我等一下会提到）。在这种了解之下，中国的管理是什么？中国是不是有自己的管理？中国当然有一套自己的管理。中国人的管理建立在长久的、悠久的历史的各阶段实践的基础上。古代中国成为一个民族国家，成为一个华夏民族，可能始自黄帝时代到尧舜时代。通过德性来建立国家、凝聚族群，来实现美好的和乐社会、美好的社群，让人人都感觉到幸福，或者自我的完美，产生价值：真的价值、善的价值、美的价值、和的价值。所以它有这样一个实现的过程，有这样一个体验。

中国文化里面当然有这样的管理体系，这个管理体系是逐渐发展的，从家庭发展到社群，发展到社会，发展到国家，甚至于发展到天下。就像儒家经典《大学》所说的"修齐治平"一样，从个人到天下的过程，就是一种管理的进程。这样一个过程，经过很多发展和历史的实践，需要我们把它的精华抽引出来。因为这个过程当中有很多变化，每个朝代有每个朝代的变化，每件事情有不同的变化。我们怎么把它抽引出来，成为一个现代的管理的理念，是需要我们做的工作。所以，我说的中国的管理，或者中国的管理体系，是一个今天把我们的经验合成为一个具有理想、具有逻辑结构的体系。

有人把中国管理叫作中式管理，我个人并不特别喜欢这样的说法。因为中式管理主观性很强，中式管理就好像一个人，自己认为他代表中国，就用这个来代表他的国别的经验，就好像中国的菜系一样，不同的菜系都只是不同的形式。但是我觉得我们以西方的管理作为比较对象的话，如果说它有它的长处，我们也要有我们的长处，我觉得应该把我们的经验合成一个具有理想性的体系。所以我不重视管理的概念，我用的是"中国管理哲学"这个概念，非常重要。我写中国管理哲学，用 C 理论代表主要有这个含义，我不知道国人能不能了解这个深意。今天我们说的中国管理，是具有创建性的，结合中国人的经验所形成的一个具有理想性的规范性的系统，能被我们普遍地应用，当然也可以经过不同的充实改造，可以用在不同的方面，不管是行政方面，或者是企业方面，或者是个人方面。

现在要问这个问题，既然我们了解到管理是在做人和做事，那么它的基本的原则是什么？这就跟中国基本的伦理有密切关系。我这次讲伦理学，主要是强调个人的管理，我曾经说"个人的管理就是伦理"，就是一个道德原则的实现。管理的个人性，也就是个人的主体性，就是人在管理自己，通过自己的要求，来把原则跟行动结合在一块儿，实践成为一个具体的行为而达到目标。比如不说谎，比如讲求信义、诚信，那么他根据这个原则来实现自己的行为，他有自制的能力、自主的能力。

　　我们也可把管理分成自我管理和非自我管理。自我管理就是自己根据自己的要求来管理自己，那么非自我管理是指一个群体的组织，需要建立一些规范，或者是法则、规则，来组合、规范这个群体的行为方式和行为目标。所以这里我们要分成个人管理和群体管理。但是这里可以看出来，管理的基本的原理就是伦理，就是伦理所包含的道德，就是道德所包含的本体，这个管理的基本精神就是个人德性。就中国人来说，伦理是管理的基础。从这个角度来看，伦理、道德、本体都是管理的基本架构，或者是基础，总原则就是要明确地知道自己作为人的本能的善意，并发挥这种善，然后达到实现善的目标，成为典型。这就是《大学》所说的："大学之道，在明明德，在亲民，在止于至善。""亲民"或者也叫作"新民"，当然这个"新"跟"亲"是朱熹和王阳明的差别。我们可以把它们包含起来，既有"亲"的一面，也有"新"的一面。"亲"而后"新"，"新"而后"亲"都可能，然后再"止于至善"，"止于至善"就是达到一个目标，达到一个标准，甚至再把它扩而充之。所以这个管理的基础就是德性，就是人的本善，人的自我求善的能力。这个本善是内在的，它强调内在的人的本性——本善。人为天之所生，是天地之精华，所以人在这里能够代表天地，又能够弘扬天地的精神。

如果他偏离了天地，就变成天地所不容的状态。当然天地的心胸很广、包含很广，但是如果人离开了自己的本性，堕落到违反天地精神，伤天害理的地步，那就比动物还不如，就为天地所弃。

我们现在可以看出来，所谓中国管理的原则，就是认识到自己德性的"本善"。这个本善是非常重要的基础，本善以后就是本体的价值，本善对自己来说是一种诚，代表本体的真实性，所以是以诚为本。对人则是以人为本，是拿我心去度彼心，能去为大家，跟大家、跟天地之间建立一种一体的共同了解，这又叫作天地之心。也就是说把自己通过普遍化的原理投射在所有人的本性上面，就是"人同此心，心同此理"，所以它是以人为本。它既是以善为本、以人为本，也是以根本的德为本、根本的善为本。在这个意义上讲，中国管理，它的精神就是人本主义或者是人性主义的发挥。它的目的是建立实践善的个体，也是在建立推己及人的群体、共同体的人类，把世界存在的方式呈现为价值，表现为价值，这对人、对世界都有重大意义。

我们在这里把管理分成个人管理——主体的自我管理，和以自我管理为基础的群体管理。在个人管理上面，我上次讲伦理的时候已经特别强调了"做人"的问题是为己之学的道理，这里则可以看出来，管理是要逐渐去了解人之为人的基础。上次我特别强调人必须掌握真实，所以要自反而诚，反身而诚，才能够实现普遍的善的价值的可能性，才能够推己及人，才能够"己所不欲，勿施于人"，才能够"己欲立而立人，己欲达而达人"，这是伦理的基本原则。这样才能成为一个我所说的君子，也就是说自我管理必须假设人对自我的了解，对自我认识要到一个地步，不断发展自己的这种认识，这是自修的能力，是修己或者修身的要求。

　　《大学》对此有些发挥，从格物致知到诚意正心，然后再到修身齐家。那么这个修身或者修己，当然要去对外面的世界有所认识，才能掌握什么是真实的标准，才能够有一个知识的标准，然后才能让心具有理性认知的能力、感受的能力，能够寻求善的方向，或者凸显善的方向。因为在"知"当中，在"知"的明照之下，我们知道哪种事实是好的，哪种是不好的。从《大学》来讲，这就是自明的道理，你知道什么是善，什么是恶，这是人性的特点，是内在的知识的可能性、判断是非的可能性，后来孟子称之为"良知"。"良知"就是你自己自然知道什么是善恶，当你了解到世界的现象是什么，生存的状态是什么，你自己知道什么是善，什么是恶，什么是好的方向，什么是坏的方向。我们一般是取好的方向，不取坏的方向，这应该是人性的定律。但是由于特殊的情况，就像孟子所说的，因为人们欲望的泛滥，容易受环境的影响，也许受到各种不好的环境的影响，有时候不自觉落入恶。但是人还是会恢复他的善的，这是儒家对人性的警觉。从我们的实验、体验的标准来看，也的确如此。所以人不是自愿地要走恶的路，他应该有自觉返善的能力，这是做人的自我管理。自我管理是凭借自己的善性，把它提炼成为一种规矩、一种原理，来控制自己的行为，然后能够不受欲望的影响。所以在《大学》里面特别强调"正心"，心不受外在欲念的诱惑，而能够把握自己、把握自己生命的价值和行为的方向。这是一种自我的管理，也就是自主的管理。这是内在于人的，是人性的管理，是人自性的管理，这是非常重要的。

中国人讲君子，君子之道就是建立在一个自主的、自觉的自我管理的基础之上，以成为君子人格，达到君子才能够有能力去管理他人。有很多人还没有达到君子或者没有时间修持到君子的地步，或者是在君子的修持之前的所谓的前君子的状态，比如说一种学生或者小孩，或者是一些芸芸大众，需要我们去指导，需要我们去启导、去启发，这就是管理他人。毕竟在一个君子的自我管理基础上，君子才能够从外在去管理他人。能够成为君子，才能够组织群体，才能影响群体，才能作为群体的领导人。这就是管理的重要因素，从组织到领导，领导是很重要的，领导首先是个君子，然后才能够有权力去领导他人。做了君子之后，你自然就有一种权力，有一种道德的权力，就是我说的道德力。人们自然就会感受到这种道德的威信力，让人们觉得敬佩，或者让人们臣服。这是非常重要的机制。在特定的情况下，他一定是个君子，又能够作为管理他人的领导者、开启者，成为君。他有一般人没有的知、仁、勇，能为大家解决问题，能够面对困难而不畏缩，能够解决他人之苦，能够"先天下之忧而忧，后天下之乐而乐"，能够担当他人所不能担当的。这就是孟子说的"大人"，"天将降大任于是人也"，他不但能够身体吃苦，而且心智也非常坚定，能够达到一个不轻易受到诱惑或者威胁的状态，能够有充分的定力，能够坚持善的追求。这就是所谓的君。

　　从这个方面来讲，中国的个人的伦理，发展成为家庭的伦理，成为一个社会的伦理，甚至成为一个国家的伦理，这是很自然的。它就是扩而充之，把人的德性能够扩大，实现在群体的影响之中。这就是管理。管理就是通过自己的实践和行为的示范，来达到一种影响，来提醒大家，这个是非常重要的。这是把管理建立在个人的德性上面，最后的目标是让每一个人都能成为自己的管理者。当然这是一个天下最后的理想，人人都成为尧舜，人人都成为圣贤，人人都管理自己，天下要大化，就没有什么问题了。但是现在还没有做到这一步，还需要有些君子的人物，来体现，来规划，来建立制度。所以个人管理是德性管理，是君子管理；他人管理，是群体管理、是君的管理或者君王的管理，也是外在管理。所以我这里又把管理分成从内在到外在，从个人到群体。个人和内在是基础，然后再延伸到群体，有一个政治性的公共管理的立场。

在现代工业社会，我们说到的这些企业管理研究，属于在公共管理场所中所规定的一些职业性的管理。所以说管理仍然是非常重要的、可以去发挥的，这是管理的一个分野，自我管理是群体管理的基础，自主管理是他律管理的基础，个人、社会的管理是国家管理的基础。

关于群体管理，这里我们也可以来谈一个基本的考虑。管理本身必须建立机制，当我们在群体的时候，我们要建立一些规则、一些目标。一个社会的目标是什么，让它能够长久下去，能够持续地成为好的社会。它有一个目标，必须强调人的合理性的行为，必须遵守合理性的规定。所以首先人们要知道怎么样去规范一个社群的行为。那么规范当然涉及规劝式的道德教条，另外就是有限制性的法律规定。也就是说，外在管理强调的是规范和法律，这个是很重要的认识。管理之所以成为管理，是由内而外、由小而大，而这个由内而外、由小而大的机制，就在于建立规范或法律。就中国来说，传统中往往把法律的效果放在道德规范上面，用道德规范的方法来达到社会管理的结果。而在西方，尤其在英美国家，它把道德变成法律，更重视的是法律制度；对道德的规范，反而是作为私人的行为来看待。这是两个不同的方向。从人类发展来看，这两种都需要，我们需要道德的规范，我们也需要法律的制度。法律制度是把道德规范变成严格的行为的要求，这个行为的要求一方面界定包括哪些行为，另一方面也说明行为违反了一些要求后就会受到惩罚，它是有强制性的，这就说明它是外在的规范，这是我觉得很重要的一个思想。显然在现代国家，这两种都需要，但是道德规范一定是法律制度的基础；没有道德规范为基础，就没有法律制度的有效性。当然这里还涉及一些基本问题，我在这里就不谈了。

在这里我还要说一点，有人把人性看成是向善，而不是本善。我这里强调人性本善。所谓向善，就是说把这个善已经外在化了。假如说向善本身就是善，那么就是说善本来就是内在的，假如把向善看成对外界的一个善的追求，会涉及二元论的问题，就是希腊柏拉图主义所表现出来的。那我这里要强调的是中国的儒学，从中国的《易经》哲学到中国的儒学是内在主义的，是以向善为善，以人为本善，本善实现出来就成为法律规章。法律规章基础还是在内在的、人性的、善的方面，这是我认为非常重要的认识了。

中西方管理的差别

我们掌握了这个认识之后，还需要进一步分辨中西方管理哲学的差别。我在我的书里面特别强调有这样一个差别，就是西方的管理偏向于规章制度，偏向于从经验上掌握客观的规律，来实现管理的机制，达到管理的目标。尤其在 20 世纪，管理学成为应用经济学科，特别强调外在规制的、规律的认识和建立。有两个代表西方管理的管理学家，这里给大家作为一个样本。两个都是以 D 开头的名字，一个是 Edwards Deming(德明)，另一个是 Peter Drucker(德鲁克)。

德明是一个统计学家。他的专业是物理学，但是他从统计数字里面看到一个企业的发展、一个国家的发展需要长期的经营投入。他强调很多机制，强调很多方案和一些基本原理。比如说他强调一种品质的建立，品质比量更重要。一个产品要成为最佳产品，就要求它的各种品质都是一流的。要使我们的产品能够达到这个目标，就要强烈地去要求一些规制，要照着这个标准来做，而且能够使产品有一种一致的品质，而不是说今天这个产品是有品质的，到下一次的产品就没有品质了。这是德明对产品的认识，这叫作品管圈。在第二次世界大战之后，他到日本帮助 TOYOTA(丰田)，改进了它生产汽车的品质，即使到今天他还受到丰田公司的特别崇敬，他的照片挂在丰田董事会的办公室里面。德明讲的就是长期的品质的改进。

从人的观点来看，从一个人的德性修持来看，也是可以理解的。因为人的德性也需要长期去维持，逐渐改进，使人成为更圆满的人、更美好的人。同样，一个公司，产品要一致，就要强调品质的控制。那么在品质控制上面，不惜花更多的钱，这个是非常重要的，不要过分地计较成本，最后的收获反而是最大的。所以这里从统计学角度的研究、考察，发现这样一个基本的道理：当我们把最好的东西做出来，那它的价格也最高，它的价值也就最高。这是德明的 D 管理理论。

第二个就是大家熟知的德鲁克的理论。其实德鲁克和德明是同一个时代的人，可能稍微晚一点。他是奥国人（奥匈帝国），从英国到美国来，对公司的组成做了深入的了解，对现代工业文化的社会生产的组织方式有非常深刻细致的了解。而且他认为所谓管理人，所谓 manager，我刚才说的管理人的概念、管理的概念，就是动手，懂得技巧，懂得技术，这种人是组织一个公司的力量。所以现代社会是基于有组织公司能力的人来形成的一个市场社会。德鲁克强调有效的管理，强调目标管理。任何管理行为都应该有客观的目标，能够掌握这个目标，又能够有达到目标的技术、方法或者知识，那么他就是一个成功的管理者。所以他特别强调一个有效性，有效性就是有什么目标，怎么去达到。我用最好的方式，也许是最节省的方式、最快的方式就在一定的时间里面能够达到一个目标或者一个次目标。这里我们可以客观地去考虑实现目标的过程，这个过程是一个时间过程，又涉及众多人的劳力的分配。怎么样做好？在一定时间里面做什么样的劳力分配，结合起来，来达到整个工程完成的一个阶段性的目标，在这个目标的基础上面再发展成一个新的目标？就好像我们参观制造汽车一样，从一个铁皮的车盖，到逐渐把发动机装里面，再开走，在生产线上面，达到生产的目标。我参观过汽车生产的过程，在日本我看到的应该是本田，它在二三十年前可以每八分钟生产一部汽车出来。所以这就是具有一种客观性、一种机制性，甚至具有一种固定性方案的管理，这是德鲁克特别强调的。

但是在做人方面，他强调管理者的多方面的关系，强调管理人和社区的关系，管理人对社会的说明的能力。他也强调一个企业跟社会的关系，强调和一个顾客——购买者的关系。他认为企业之所以成为企业，是因为有购买者，所以企业管理中最主要的要求是你要有购买者，要有顾客。因为顾客承认你、支持你，你才能够发展下去。这就是我所了解的德鲁克的管理体系。

我认为德鲁克的管理体系和德明的管理体系，都是西方当代或者是现在最重要的管理实践的理论。在美国，他们都被认为是管理大师。像德明影响到大公司丰田，而德鲁克的影响面更广，尤其像美国通用公司，也受他的影响，所以他们的影响代表现代社会的管理实践。现代社会就像德鲁克说的是一个公司文化，是在一个更大的所谓资本主义的文化活动当中发展出来的。他们的目标是什么？他们的目标就是持续的成功、不断的成功。所以不管德明或者德鲁克，他们都强调管理的最后目标是管理的改进，要达到一个社会的目标、一个经济的目标，使股东或者利益拥有者得到更大的利益。

这里我必须说，从这里来看的话，西方的管理方式跟中国的是不一样的。怎么不一样？

它并没有特殊地去强调一个人的本性的善能够发展出来的德性；它不是明确地以伦理作为基础，而是以认知的规则作为基础；它以知识作为基础，涉及知识管理，和我们中国人说的人性管理还不一样。所以西方的管理是这样一个管理文化，它的目标是要实现更多的经济利益；它的理念是延长，更好地去延伸西方资本主义的精神，来发挥资本主义能够不断增加财富的能力。当然德鲁克也许还有别的有关社会改革的理想，包括改变企业管理人的理想，但是都不是从道德的眼光或者伦理的眼光出发的。那么这和中国管理就很不一样了。

中国管理的出发点是伦理，是以个人的德性来建立自我的管理。从自我管理来发展成为他人的管理，是自己要以身作则，要有一种德性，才能达到权力管理的目标。而这个权力管理的目标是要做到社会福利的增进、个人的心安理得，实现一种完美、一种价值。所以它具有道德性，换言之，它的目标是通向人类社会共同体，一个福利的共同体，一个和谐的共同体。它最后有一个大同世界，有天下为公的理想，这是中国人管理的重要认识。这在《大学》里面也非常明确，因为从《大学》所说的修身、齐家、治国、平天下，最后是要为天下，能够发挥作用，又能够使人们实现一个美好的、没有恐惧、没有战争的社会，一个和谐的、公平的、正义的社会，也是孔子说的"不患贫而患不均"的社会。这就是中国管理的目标，它的出发点和西方的不同。

中国的管理模式

在这种认识之下，我提出了我的管理理论。我的管理理论，简单地说就是我叫作中道的，或者是中心的（central），就是据人之中心的、人心之中的一个创造性理论，所以我用 C 字头代表。这个 C 字其实还有一个外在含义，就是 C 代表了中国 China。因为我们中国从开始就强调人的存在，有其道心，它有天地赋予的精华，所以它的存在具有价值性。刚好我又姓成，翻译成英文也以 C 开头，所以我这个管理理论就是一个以 C 作为基础的理论，跟 D 理论就不一样了。我刚才讲了两个 D，就是一个德鲁克，一个德明。那么我的是 C，就是成中英。这个理论是具有发挥中华文化精华的管理理论，是以"德"以"人"为本的管理理论，这点我觉得要强调。

这个管理理论代表中国，但是我们也不排除这是一个西方的科学知识。因为管理必然涉及对外面世界的认识，所以这里我就想，我们是不是也应该很重视西方的这些已经在实践中成功的管理的案例，以及他们所实践的方法，有的地方也的确和中国的道理比较接近。比如说不管是德明也好，还是德鲁克也好，都强调人的一种真诚性、一种诚恳性，不能作假。因为中国人从来就是不作假不自欺，不能欺人欺己，要做一个真实的人，做一个真实的人才能够恢复、掌握自己的本性，这个本性是要你内圣而出来的。西方强调从外观来掌握经验，从科学的观察来发挥作用，这也是很有效的一个行为。当然我们不能否定从观察和经验得来的知识，我的理论也把从观察而来的知识，纳入我们的管理的发展当中。所以，我们的良知，不能只是良知，而必须加上对外在世界的知识，加上对人的知识。这样才能够成为整体的知识，整体的知识不能只是抽象的，而是必须有经验的客观的基础。我觉得这点很重要，我们必须强调方法，强调发展的过程。

　　这是我觉得很重要的认识，我的管理思想会通了西方的知识，加入进来以开发我们的良知，来达到我们建立价值的目标。我把它发展成为体系，而这个体系，我认为是从《易经》就开始了，就已经有这个意识——对天地观察的认识、对天地之变的认识，这是我们价值的基础。

　　这个说来话长，因为我强调了易学是中国哲学和文化的源头活水。那么从易学里面，我们展开了儒学的自然有为的思想，也展开了道家的自然无为的认识。在这两个基础上面，才有诸子百家，才有后来的大乘佛学的加入，使中国的文化走向儒释道的合成文化。中国文化具有很大的融通性，把精华融合在一块儿，但是正因为它是融通的，很多人掌握不了精华，只知道片面，所以永远处在比较支离破碎的状态，导致有些朋友觉得中国好像没有东西。我们怎么能够不对中国文化产生支离破碎的感觉，而把它总括起来，把它合成起来，成为最精美的东西，这点我觉得是很重要的认识。人类的智慧就在于如何合成不同的好处，形成更美好的整体，这是人的成功之道，也是我们发展经济、建立管理的重要的观点，这需要我们把中国的长处、世界各个民族的长处，以及对我们和他们的各种观察包含起来，形成知识性的认识。

所以，我强调在《易经》的基础上重视观察，重视客观世界。在客观世界的观察当中，再来看人和世界的关系、人和人的关系、人和自己的关系。客观世界建立后，才能认识到天地之为一个整体的存在，既看得见又看不见。我强调原始的世界既是"有"也是"无"，"无"的基本含义是我们认为它是无，那么说不定它就是有，我们所谓的"有"，可能就是无。但是基本上要从一个深刻的体验当中来掌握"有""无"的关系。这里我们就可以说是要认识到一个存在的框架、一个本体宇宙论的框架，就是太极阴阳五行的框架。

　　那么这是什么意思？意思是说我们要了解天地，要了解天地是唯一整体，了解天地之中看得见看不见的差别。看得见和看不见是有差别的，差别在什么地方？从阴阳的观点来看，就是光暗，从光暗的这个节点再发展成为动静的观点，再发展成为刚柔的概念，再发展成为进退的概念，再发展成为冷热等各种复杂的文化的概念。也就是说我们对宇宙的体验是非常多面的，但最后把它整合起来，在《易经》的体系之下就会成为阴阳五行，代表宇宙存在，以及宇宙中的事物之间的关系，或者是存在体的内在功能的关系。因为它代表着几种功能。总的来说，阴阳也好，五行也好，或者五行以后的各种分类，所谓五行中有阴阳，阴阳中又有五行，这些分类只是一种方便，并不是说我们要把阴阳五行变成一个莫须有的存在，而是把它当作一种功能的标志，当作对存在所产生的认识。我们在天地之中，感觉到天地日月，这种所谓经验——所谓月亮的阴晴圆缺都是经验，也跟我们自己的生命的经验联系在一块儿，这样我们就可以建立一个以本体为基础的宇宙观来认识这个宇宙。

　　所以我的 C 理论，就强调了具有深刻本体论意义的人类生命体验的世界观。在这个世界观里面，我们看到阴阳的一种作用、多面的作用，中国传统把它分析成为五个功能，或者五个作用，称为"五行"。1985 年，我再回到中国，发现大家对五行有点敏感，讲阴阳、讲五行就觉得是讲迷信。我在国内讲学，从北京大学到山东大学，首先提出"阴阳五行"是易学的一个内涵，它具有现代性、未来性。因为它是基本的本体、宇宙功能的表达，也是现象的表达，是用我们的语言来表达的一种所指、所谓，所以无所谓迷信的问题。并不是说我们相信它有什么伟大，而是说它代表我们认识的世界，我们可以从认识中发挥出一些更好的认识，让我们的生命活动更有意义，让我们能创造出一个更好的社会、一个更好的价值。

从这个意义上讲，从全面性的、创造性的发展来看，也就是说从存在的创造（存在是一种创造）的角度来看，这个宇宙的管理是什么？宇宙自身是一个自我管理，宇宙自然无心，但是它自然成章。所以说，自然一方面是无为，而另一方面是有为。我们现在看到的宇宙，从最远古到今天，有很多成就，比如说有了地球，有了人类。那么这种成就当然也不应该只是偶然，我一直不相信它只是偶然。也许有的科学家认为人类存在只是偶然，但也有哲学家认为人的存在是必然，为什么是必然呢？因为没有人的存在，宇宙不可能被认为是存在的。这是一个很有趣的论证。人的存在显然不是偶然的，它也可能是宇宙自身演化的一个结果。所以它并不是迷信的存在，而是自然发展的存在。我们可以从一个合理的观点加以了解。

人类的存在产生了对世界的认识，这个认识必须被假设，它不只是从个人的"向壁虚构"而来的，而是通过观察宇宙看到的。所以它一定是一个主客合成的存在，也是一个天地和人心、天道和人道合成的存在。在功能上面，我们可以分别看到"阴""阳"的功能。"阳"是积极的、主动的、刚强的，代表"乾"的精神，所以叫"君子以自强不息"。那么"阴"呢？是受动的、是接受的、包含的、支持的，代表"坤"的精神，所以叫作"君子以厚德载物"。这两个功能是同时存在的，都存在于一个整体中，这个整体可以叫作太极，太极的动态就是道。所以我们怎么界定这些基本名词，是要从哲学的观点来了解。这也不是随便可以做的。

　　过去的哲学家，从儒家到道家都谈到知的所以然，或者是所谓之"谓"，或者朱子说"所以然"的"理"的概念。这就产生了一种认知，在这种认知下，还可以认识到管理的功能。从人来说，就管理的功能，我把它分成五个方面，这五个方面也许自然地和五行相配合。我当时特别兴奋，因为产生了一种与自然相应的感觉。

　　我们讲管理首先要有一个管理者、一个组织者。因为管理功能的实施，需要一个管理者、一个组织者。管理者和组织者必须懂得什么叫管理、什么叫组织，他必须有一个管理的整编的计划，有一个目标，有一个组织的方式。管理者必须有这方面的认知。在这方面，我认为管理必须基于一个整体的知识，去观察、去反思形成的认知。这个认知还不只是认知，是要做一件事情，必须全力去做它。所以这个认知代表一种知而行的决心。这样才能够产生管理的智慧。管理的智慧从这里讲，第一步就是一种计划或决策的智慧。计划，不做不行，要做就必须决策，就要投入，把它变成一个真实的行为。这就是第一步。

第二步的功能是什么？除了决策，除了计划，第二步就是组织和领导。这个时候就已经把人组织起来，就像刚才我所说的，从个人的德性开始，能够组织群众，能够发挥领导的功能，带领大家走向一个善的目标，然后再产生更好的开放，对很多外在的环境要去吸收，要去面对，要去互动。也就是说它必须有生命的活力，能够和其他人进行合作，或者和其他的团体能够进行竞争，它有竞合的能力，才能够提炼出生命的活力。在这种活力当中，人们就像宇宙自然一样，才能够创造出新的产品。新的产品有生产的功能，有创造的功能，把这种生产的功能延伸出来，也是一种创新或者改进的功能——对已有的加以改进、加以改善，对没有的加以创新，基于社会的需要、个人的需要、国家的需要。

竞争跟合作是产生市场的条件。在产生市场之前，还需要产生公司，这就涉及组合群体的条件。在这之前，是一项决策计划，这是发挥个人德性的计划。用中国的传统文化来说，就是"德知合一"，把"德"要转化成为"知"，而把"知"要转化成为"德"，就是"德知合一"，或者是"仁知合一"，然后再产生一个公司，产生一个市场，产生一个生产单位。最后这个生产的中心在市场能够流行，能够创造利润，那么就产生了管理的作用。管理的作用是什么？就是要使无变成有，使少变成多。这是一个从无到有，或者有无相生的过程。最后的目标是要使众多的人成为自我完成、自我实现的个体，建成一个人文化成的社会。

这就是我说的功能——人文化成。人人都能够沟通，人人都能够信任，人人都有自己的安排，没有人压迫谁，是一个既自由又平等，既非常快又安全的社会。在这种情况之下，人们还要再维护这个社会，还需要进行再计划、再决策，然后再更新你的组织领导，再更新你的市场，再更新你的产品，再更新你的共同体的价值。一代一代地发展下去，生命是无穷的，那么生命的完成也是无穷的，这就是所谓生生不已的未来。

现在说的发展，就是我说 C 理论，它的几个功能在《C 理论：中国管理哲学》这本书上已经说得很清楚了。

我们简单来说，自我计划和决策的仁知合一，就是"土"的精神，它能够自己产生生命力。组织和领导则是"金"的功能，它是刚性的组合的力量，有一点强制性，有带领性。竞争和合作的市场是"水"的功能，就是在大众的群体之中，能够众志成城，也能够颠覆，因此必须展现亲和力，必须来凝聚众人的力量，达到生产的目标。改造和创新是一种生产力，生产力是"木"的精神，就是生长，不断生长，不同方式的生长。在这个生长、生产力的技术上面，再进行协调和沟通，那就是"火"的功能，能够融合众多的作用形成一体、调和的美好的成果，就好像能够烧成一锅美好的汤一样。这样我们就看出来土生金、金生水、水生木、木生火的循环。所以我的 C 理论，实际上就强调这十个功能所形成的两个机制，就是阴阳和十个功能的一个管理体系，这种管理经过不断循环，就能够达到德明所说的不断改进、不断完成的经历，这就叫作生生不已。

这五行，每个行里面都有两个阴阳。可以说要取得个人的成就，就是要结合计划和决策。他要有意志，有志向，能够达到这样一个目标。然后他又要有知识来做计划，他代表的是能够达到知行合一、志行合一。而领导包括组织和领导，组织是阴的一面，领导是阳的一面，组织跟领导配合的情况之下，能够推动整体性的活动。在市场当中竞争是阳性的，但合作是阴性的，这两种结合起来，才能达到更好的市场机能，更好地维护一个好的产品的不断诞生。在生产方面，改造和创新同等重要，也是阴阳。沟通和协调也是在人事上面的需要，也是一阴一阳。

所以这十种功能结合起来，不断循环，从火再生土，土再生金，金再生水，水再生木，木再生火，火再生土，这样不断循环，很自觉地去维护循环性和创新性，我们的文化也会不断地更新，我们的管理也就不断地改善。

这就是我的 C 理论，包含了至少五对管理的功能。那就是计划、决策，组织、领导，竞争、合作，改造、创新，协调、沟通，每两个一组构成五行中的一行。我们这五对管理的理论，又跟中国传统的诸子百家有密切的关系。整个的 C 代表《易传》里面的生生不已、循环不已的精神。循环是创新的循环，它不能够因为创新而丢弃原来的精华，而是在原来的精华上面再创新。这是我们必须记住的，就是我们要有自己的创新的历史，然后才能够再进一步，才能够掌握我们的历史的发展，就可以把我们的哲学的智慧融贯进去。因为管理是一种应用的智慧，是应用我们已有的智慧来进行实际的操作，达到现实的目标，有效地建立我们的行为方式，产生经济、政治、社会的利益。

这里我们看到五行可以跟五家之言合在一块儿。

首先计划与决策，应该是道家的智慧。怎么被称为道家的智慧？简单地说就是需要沉思，需要深思熟虑。

组织与领导是金，是法家的智慧。法家在进行实际控制的时候是很重要的，社会也需要一种控制机制来进行社会组合。假如能够把法家思想变成有效而正面的，不是那种伤害性的外在管理，而是建立很好的法治规范，那么法家仍然有它的价值。在中国历史上也是如此，汉代事实上继承了秦代的法治，这对后来影响很大。今天我们中国一方面讲道德，另一方面我们也必须讲法治，讲法治精神，所以这是法家的重要性。

竞争与合作方面是兵家的智慧。兵家认为必须以《孙子兵法》《孙膑兵法》以及其他兵法、其他决策来帮助竞争与合作。我们要做合理、合情，甚至合法的竞争，而不是随便的竞争。这里我们必须修订一些传统的词汇，比如说有些违反了道德伦理的，比如说《三十六计》里面有些例证为今天的商业伦理或者企业伦理所不能接受的。所以我们要从一个合理性来了解这一点。这是兵家的智慧。

我特别提出木，木的特性是生长，特别提出墨子的智慧。墨子的智慧就是"兼相爱，交相利"，强调改造与创新。所以墨家其实是一个生产大队，过去人忽视掉了，所以我把它纳入中国管理的合成的一个重要部分。

那么至于儒家，更是清楚了，儒家强调的是和合、安和、乐宁，强调协调与沟通的精神，来发挥人性的善良和美好。

这就构成了我说的五家之言，蕴含在五行之中，也就是从道家，到法家，到兵家，到墨家，然后到儒家。这都在《易经》的传统之中，而且《易经》的传统包含这五个东西，其代表就是阴阳五行。《易经》的"易"代表阴阳。在我看来"阳"的功能的发挥，就体现在五行的功能上。"阴"的功能的发挥是什么？就是一种无形的智慧，是一种沉思的、深入的智慧，就是所谓精义入神。这个智慧其实在中国后来就表现在禅宗里面——禅学，禅主要是在追求正义和真理。所以我把"易"和"禅"作为五家之言的基础。所以我的管理哲学代表了七家之言。

　　总体来说，我对 C 理论尽量发挥，同时说明中国管理跟西方管理不一样。类似地，日本的管理更强调"禅"的精神，而中国更强调"易"的精神。我想可以这样来说明。所以，我们现在在对中、西、日的比较会有这样的了解。

　　当然我这里说"易"与"禅"是五家之言的基础，是说"易"展现成为五家之言，而"禅"是从这五家之言里面透射出的一种深刻的智慧，最后通过佛学表达出来。从唐宋的禅宗可以看得特别清楚，尤其是我们熟悉的慧能，《六祖坛经》特别强调：一个真实的世界，是无念无相无住的。这和《礼记》所说的"洁静精微"的"易"的世界有相通的地方，它不作于象，不作于欲，那么它也就无住于固定的时空。它代表一种熔化的非常有创造性的活力，它就是一种能量。

　　今天我们从现代的物理学看出来，宇宙的基础就是那种看不见的能量，这种能量动起来就是"易"，不动就是"真相"，就是禅宗或佛学所强调的那种"真空妙有"，可以这样说，它是那样一个东西。老子也提到所谓的"无"，也可以说是"有无相生"。这个"无"也可以说无可无，非常无，是一个需要我们彻底去认识的东西，但并不排除"无"的发生性、

"无"的创造性，这些都包含在易学的太极的思想当中。在这里来讲的话，我把这些基本思想结合在一起，来说明一个应用性的中国管理。它的应用是很需要大家去深入的，包括创新也是要深入的，最终应该能够达到我们要求的目标。

这是我对中国的管理进行的一个说明，主要是它和现在的管理、西方的管理有个对比。我们的基础是宇宙论的、本体论的，我们的目标是人性论和大同思想的，和西方只强调现实的成功、持续的扩展、利益主义不太一样。这是我要强调的重要性。

今天企业家的追求就需要认识到这一点，我们不能够仅以金钱作为目标，必须以"道"作为目标。不但以道作为目标，还要以个人的德性的实践作为目标，也要发挥它的作用，不能说做一个好人就算了。好人还要能够作用于社会，作用于国家、世界，要为人带来福利，来使众多的人能够做到自我管理的境界，能够避免灾难、疾病、战争。这是我们管理的基本目标、基本要求。

人类未来的管理

那么未来的管理是什么呢？在这里我想就超智能的管理进行一个说明。

首先，我觉得这是一个吊诡。虽然现在是进入到超智能研究的时代了，我们看到机器可以胜过我们的头脑。因为它能够计算，它有很大的数据空间。我们的大数据、我们的云计算，还有我们的区块链，这些新的网络技术和新的对经验的认识、器具的认识当然是好的，让我们很有信心能够达到一个机械为人所用，做人类所要做的事情，甚至于达到一种人可以不做事而享受机器的服务的无人化的境界。

那么对这些，我要说的是，未来管理不应该是无人化的管理。因为人类管理的重要性就在于它具有人的情、人的理、人的智慧，是从内而发展出来的，而不是从机器的、机械的规则来实现的。我们装个机器，它的好处就是它能够做好我们不能做的事情，但并不表示它能够代替我们做一切事情。所以这可能是一个误区。现在讲超智能，往往是把所谓的机械功能无限扩大，成为一个超越人类智慧的工具。假如它超越人类智慧，那么有两个危险：一个危险是它跟人类一样，不管什么方式，也许它自然会产生一种自主的能力，或者我们用什么方式给它一个自主的能力，假如它成为一个自主的机器，有自主能力，它为什么要人类呢？那就是说它也会把人类变成它的工具、它的奴隶，这就变成一个很大的矛盾。另一个危险是假如你不把它变成自主的，它只是一个工具，只是一个机器，但是它有很大的能力，那我们怎么控制它，这也是一个大的问题。

人类有自己的局限性，比如说人类有遗忘特性，不能够记得所有的事情，尤其在一定时间、一定空间里面，人都会犯错。假如说我们的机器，即使没有灵性，没有自主性，但是由于我们人类的错误，我们也会为自己带来灾难。比如说我们会为机器所禁闭，或者打不开门，完全无法走出一个房间，我们会窒息。这不是机械所自主要求的，是人类的局限性所形成的不能控制机器的现象。所以我要说超智能是个矛盾的概念，超智能机器是个矛盾，对人类的未来并不是绝对有利的。

我们要求的还是天人合一的世界，天中有人，人中有天，世界不可能没有人的情理在里面。我不能想象一个无人的世界是什么或者有什么快乐。比如我走进一个市场没有人，走进银行没有人，走进医院没有人，都看不到人。那人到哪儿去了呢？看不到，你就变成一个孤零零的购买者或者是一个顾客，那有什么乐趣可言呢？空间只是变成空间，所以无人化的现象是问题。

我们还是希望看到世界充满了美好的人群、美好的青年人、美好的老年人、美好的妇女、美好的邻居，我们希望看到这样的和乐世界。我们希望我们永远能够掌握我们自己的命运，而不是把我们的命运交给一个机器人、一个超智能的机器人。这是我觉得我们需要强调的未来管理，未来管理还要管理自己，使自己成为真正自由的、平等的、充满活力的、实现自我的，也能够福利他人的一个决策者、计划者或行动者。所以中国的管理，在这几个字里面可以体现出来，我特别强调天人合一、仁智合一、知行合一、道器合一、手脑合一，可以把它们看成是最重要的需要。

第六讲

国学现代化与世界传播

在前五讲结束之后，我觉得还有两个更重要的问题需要来谈。一个就是国学现代化与世界传播，或者说在世界的推动、传播、推广。另外一个就是我们还要面对西方的学术，怎么来看西方的学术如何中国化，中国化当然包含了中国文化的含义，主要是有中西不同传统的沟通问题。

今天这个题目就是"国学现代化与世界传播"。那这个"现代化"是什么意思？这是一个重要的思考。刚好有人提了几个问题，有两个问题，我正好回应，带入到我今天的话题之中。

现代人在生活和学习国学上遇到的问题

有人说现在的人赚了很多钱，生活很富裕，一切都很宽裕，生活非常安稳，但是压力很大，精神并不快乐，心灵并不放松。为什么这样？这跟国学有什么关系？

我想这个问题问得其实是蛮好的。现在的人是从经济方面着眼，追求财富，向钱看齐，就是忙于赚钱，赚钱变成他生活的重心，所以物质生活可以过得很好。但是这样一来，他的生活就变成一种工具，就是赚钱的工具，生命变成一种工具，当然不会快乐了。不但生命成工具，而且生命只限于赚钱，那么赚钱也只是运用他的某种技能而已，并没有把他的生命投入，也没有发挥整体的自由的心态，就是让他变成金钱财富，所谓现在经济运作的附庸品，或者是工具。这是一个重大的问题。那么从这一点显示也就看出来，我们需要改进我们的生活，改善我们的生活，改善我们的生活在于不要把自己看成只是赚钱的工具、手段，而要发挥作为自我整体的开放心胸和精神追求。也就是说我们需要把自己提升到自信的、自由的心态，让我们享有精神的富足，让我们拥有完整的心灵的空间，这样我们才能成为一个完整的人。所以现在的人，可以说是不完整的，受制于一些外在力量，为了谋生，为了糊口，为了要做第一，要追求一些物质上的成功，当然这都无可厚非。但是因此而丧失了精神的自由、生命的空间与完整的人格的发挥。这就是一种人生的失落。

国学也可以说是针对人的整体来发生的，来表达的。它是整体的学问，是整体生命的学问，是自由心灵的学问。国学所涵盖的是人对天地宇宙的认识，人通过对自我的了解和反思，来舒展自己的心灵空间，来促进自己的生命的潜力，表现在一种价值的追求和享受上面，这样才是一个人完整的要求。人是一个完整的生命体，他不能只把自己压缩到一个部分，成为一个部分的载体，或者成为一个部分的工具。这样的话他当然没有快乐感，快乐来自整体的生命感、整体的精神开放、自由的心灵、独立的人格。这些看起来听起来是一些抽象的名词，但是有实际的意义。因为每个人都可以真正地去思考，去感受这个东西，人生过程当中，从小长大总是会有这样一种体验。当然这种体验，假如我们故意把它放弃，把它压缩，那就没有了。假如我们有一点反思的话，它是生命很自然的要求，就像水往下流一样，它就需要这样一种精神的安顿、心灵的开放和自由。这就是国学的重要性。

当然你说国学现代化并不是说要把国学当成工具，绑在国学上面，这个现代化不是我说的现代化，现代化是有很大一个工具化的意思在里面的，这是非常重要的，等一下我还要再发挥一下现代化的意思。

第二个问题，说现在讲国学的人，讲的话都听不懂，不知道是讲什么，没办法受益于国学的讲座，也不能够受益于国学的课程。讲国学的人很多，但是听不懂，也没有很直接受益，这也许包括听我自己前面所作国学演讲的感受，会不会是，我不知道。但是我相信，我会尽量使它避免，当然能不能做到，这是另一码事。

　　还有一个问题是说很多讲国学的人，他并没有投入在国学之中，他自己并没有把国学看成他生命的信仰、内在的信仰，也没有把国学当成他生命的体验，没有把国学看成当下的活化的、生活化的认识。

　　国学实际上跟他有密切的关系，应该开发他的生活内涵，给他营养，要他作为一个更完整更美好的生命体，有一个更健全的人格。当你有了这些内在的空间、心灵的自由，并不表示你不可以从事工具化的活动，你仍然可以作为一个管理者、一个企业家、一个谋生者、一个劳力或者劳心的人。有的时候你不需要从劳动里面去获得这种生活的支柱，这是社会上的需要，我们必须分工合作，我们必须参与活动，参与工作来获得我的酬劳，但心灵空间的扩大、完整人格的建立就会生成某种加强你工作的能力。所以这是很重要的，使你能够更好地工作，更有效地工作，甚至还有创新的能力。这就是国学有多方面作用的原因。一方面是它能够帮助自己成为一个更完整的人，另一方面它也能够促进一个群体的美好的合作的气氛、和谐的状态，甚至能够促进我刚才说的创新的能力。至于说有人没有办法把国学变成这样一个力量来提升人的精神，这也反映了今天我们的国学的失落，其实很多人不了解国学，对其是有隔阂的，只是把它当成功课来做而已，或者是为了某种目标而强调它而已。这是一个大问题。

从研究方面来讲，我觉得国学有两个大的方面：一个就是把国学的范围看得太小，把国学看成是故纸堆的研究。所以我们很多讲国学的人，就是把国学过分经典化，是从文字研究来谈的。当然这作为一个学术研究的获取也是非常好的，但是他没有把国学看成一种活化生命的力量。所以不要忘记国学有种活化生命，实现当下价值体验的能力。事实上现在我们学校里面很多学者，他们很有学问，对经典都很熟悉，但是他们从一个科学研究的角度引经据典来谈国学的时候，或许不能够让听者感受到那种活泼的精神。

另一个就是可能把国学过分庸俗化。因为国学的范围很大，虽然我指出来国学基本上是一个哲学的传统、文化的传统，但如果说它作为中国人的文化内涵的话，可以说有很多鸡毛蒜皮的事情都算国学了，像中国人的民间习俗，包括一些习惯、一些传统、一些应用，当然都算国学，这就把国学变成世俗的技术了。我不是要批评国学，要其必须发展成一个高尚的天地境界，而是说当我们自己把国学看成一种技术或者一个特殊的秘方，那么就会把国学的精神给丧失掉，或者不能够完成对国学的完整认识。我想那些只是国学的一部分。国学整个的精神要发展出来的话，还是要在世俗的一些民间的应用之外，寻找一个知性的心灵的空间。这个我觉得是非常重要的认识了。

国学的现代化

现在大家要问什么是国学现代化呢？我们怎么样使国学能够发挥成促进中华民族文化复兴的力量呢？

这就是我今天要强调的一个主题——有关现代化的问题。早期我也是谈得很多的，因为现代化从开始，从改革开放以来，在中国，就是一个很重要的课题。事实上，也许从五四以来，现代化也是一个基本的问题。我们觉得中国的传统已经非现代化了，已经古老了，现代化跟古老传统之间产生了对立的关系。虽然现代化不一定要排除传统，但现代化显然不是成为故纸堆，成为古老的习惯，恢复到所谓僵化的国故，这个是需要弄清楚的。

到底什么是现代化呢？我想从经验上来讲的话，现代化代表的并不是什么纯粹的时间的概念——现代化当然是现代的，但是它也不排除现代具有前现代的内涵，具有古典的内涵——而是这个现代化的内涵，具有一种活性，具有一种生命力。让我们能够直接地感受这种动力、这种生命的动力，让我们能够继续或者不断地追求一个理想、一个价值，这对我们的生命的展开、个人人格的完成有重大的好处。

现代化不是单纯的时间的概念。当然《易传》所讲的"与时俱进"是说我们和时间一块儿进步，时间在这个意义上讲是生命价值，是一种活动，是一种创新。也就是说我们要持续地发展自己，更新我们自己，整合我们自己，不断地实践我们所追求的理想，这个才是所谓与时俱进。所以说现代化不是单纯的时间概念，它可以容纳过去，也可以容纳未来。现代化是对未来的展望，这个未来到底是什么样的一个未来，刚才我已经讲了，就是让个人生命更开放，更开朗，更有活力；让群体的生命更能够发挥合作的精神，能够和谐而不必相同，能够共同地去分享一种美好的生命境界，甚至于一个工作成果。因为我们对自己的成果的价值认识还是令人愉快的。换言之，它代表对个人和群体的成就的一个肯定。所以这样一个现代化，就是我要说的有别于单纯时间的地方。

现代化跟时间也是有关系的。因为在历史上面，现代化是一个发展的过程。我们循着历史来看，现代化之前是有所谓前现代或者古典，前现代之后有现代，现代之后甚至还有所谓后现代这样的提法。从历史的时间来讲的话，每一个都可以包含另外一个，但是它的不同之处在于它的内容、它的风格。古典之所以为古典在于它是古典的社会、古典的人际关系、古典的社会经济状态、古典的文化的习俗。像西方的中世纪，就是反映当时那种宗教性的生活方式。到了现代，显然有别于古典，有别于中世纪，代表一个新的价值追求，所以要改革，所以现代化代表一种对过去的改革改良、一种创新，是相对于这个来说的。历史上的现代化，可以说从16世纪文艺复兴就开始了，当时突然人们有了一种对人的行为、人的价值的重新觉醒，而放弃了以神为中心的世界观。这样的一种宇宙认识、一种生命观，一种对人类价值的认识，就是有关现代化的思考。

到了西方启蒙时代，可能受到中国哲学的影响，尤其是儒家的影响，人们要追求理性的生活。我这里强调儒家，是因为儒家中宋明理学强调"理"的重要。西方传教士在17世纪来到中国，他们学习了中国的儒学——古典儒学和宋明理学。他们很喜欢古典儒学，因为古典儒学跟他们信仰的基督教、天主教相近，他们也能够更好地感受到中国早期的儒家或者儒家之前的民间信仰是以天为本的。虽然这个"天"不等于他们的上帝，但是他们认为有种上帝的影子。事实上"上帝"这个词的翻译也是从中国来的。因为《诗经》里面是讲了上帝，但那是一个文学的用词。民间也可能有这种所谓对上帝的信仰，我觉得也是可能的。但是，这个跟西方说的那个上帝——他们翻译上帝的 God 还是不一样的，这里我就不说了。我也提到过，中国的"天"来自自然的力量，是对创生力的一个表达，它能够"生生不已"，持续不断。所以它代表着天，代表着天地，它没有完全人格化。而西方的上帝从两河流域到犹太人的宗教，就把这个上帝看成是一个超人、一个有超越性的神灵。中国人或许不太能感受到这样一种存在，也没有觉得有这样的一种依赖的需要。因为人的幸福和快乐，基本上中国人早就看到是来自怎样去改善自己的生命，挖掘自己的潜力。这就是中国国学的精神之所在。

从这个意义上讲西方的现代化，它的含义是在找到一个革新的方法，来改变自己的生活，改变群体的生活，找到的东西能够让人感受到独立、自由，这是现代化的基本的要求。但是它也代表一种理性的批判精神。总而言之，它代表这样一种新的觉醒，对人的发展的一种可能性的觉醒。

客观而言，我刚才说的是主体觉悟，能够发现自然的各种规则、规律，从原来的天文学（Astronomy），走上一个以太阳为中心的自然天文观，这个也是很重要的。因为这一点，人们能够对自然有个新的认识，让人们的知识增加，而且这个知识对人还能够产生作用，让人更能控制自然，应用自然，像牛顿物理学所能够提供的那样。因此人也觉得自己不但有独立的思维，而且还有自由的能力、行为的能力，能够改变现状，能够发展出更好的生活境界，这就是启蒙时代。所以从这个意义上讲，现代化代表某种价值观。

现代化到了工业革命时期有了些变化，变成整体的持续不断追求知识的过程，变成整体的文化改造的运动，尤其把科学当作工具，甚至于把它发展成为技术，来改变我们的生活境遇，我们能够获得很多发明，让我们的生活得到改善。这一点是现代化的方法，具有工具的意义。

　　但是它的精神意义仍然是在求得一个更美好的，甚至更有美感的、更方便的、更简化的、更有创意的社会组织，以改变社会，改变生活。这个是现代化的意义。这个意义呢，我觉得影响很重大。这就是后来我们说的第一次工业革命、第二次工业革命、第三次工业革命和第四次工业革命——我们的信息革命。我们已经感觉到我们可以改变这个社会，改变我们的生活环境到很大的一个地步。我们在工业建设上面，在各种生活需要的工具应用上面，可以得到更多的方便。比如说现在的移动互联网、手机，甚至现在的这个 5G，都是一些所谓现代化的符号，也可以说是一些成果，代表某种现代化的精神。

　　这里我们说现代化是有多种含义的，那我想我们可以把它进行一个简单的总结。对现代化，我们可以产生什么样的认识，我想就从哲学的眼光来看，现代化所追求的生活方式，也许就是《礼记》里面说的对"易学"的认识——洁净精微，洁净精微的生活方式。一方面很精微很细致，另一方面又很开放，不拘泥于一些不必要的限制，让精神能够展开，既能够实现个人的潜力，又能够丰富群体的生活，形成一个人人可以共享的生命共同体。我想这就接近于我说的现代化的价值含义。我说的这些是现代化本身就具有这样一种生命含义，事实上这就是人们的一种终极追求，追求美好的生活境界，不会因为我们劳苦工作、劳动赚钱，而丧失了这种生命的意义。而且，这些精神的要求也能够平衡我们物质上的要求。人们往往缺少精神的滋养和发展，所以人们往往会用物质欲望来填补精神上的空虚，这也是现代人的一个基本问题所在。从这个意义上讲，现代人其实是最不现代化的，他是一种现代的逆化，是一种反化。这就好像我们说的所谓乌托邦，就是一种反乌托邦、坏乌托邦的现象。所以，现代化应是提升的、充实的、精神的、精微的、洁净的，这就是我说的精神上的现代化的意义。

　　了解这些意义之后，我们就可以了解到国学所要提倡的、所要给予的正是这些东西。这点大家也许没有想到吧。国学，作为精神的价值的载体，它本身是一种能量。就好像我们看到一个物质的存在，它固然是分子原子，但是它的生命力，它的力量、能量是包含在它的分子原子结构之中的。那么，我们要用一个什么方法打开才能够把它释放出来？同样地，所谓现代化的含义就在我们生命之中，我们永远需要能够更新我们的生命，永远希望能够享有一种自在的心情，永远希望和人们和善相处。那么我们永远有一种开放的胸怀，能够自己求进步，也能够接纳他人。但是在现实上很多行为与此相反，人们往往为自己的欲念所控制，不是太贪婪就是很自私，就是有偏见，就是陷入一种坏的习惯，或者说一种对人的不善良，缺少良知，这些都是反现代化的一种后果、一种存在。

　　我们现在了解了现代化的概念，那我想怎么能够把国学所包含的精神能量发展出来、释放出来，这是最重要的事情。至于说要做到这一点，不是只听几个引经据典的演讲就可以了，或者抱几本古代的著作读就够了。我们读书要读的就是打开它的内涵，就读这个书里面所包含的能量，把它释放出来。我们听也要听讲者背后的、内心的呼吁，就像今天我在这里是由我自己内心来呼吁大家一样。为什么我这么重视国学呢？因为我觉得这是我自己的体验、我生命的感受。我可以不吃饭，我也需要这种感受；我可以不挣钱，我也需要这种感受。但是，我不会为了一两块钱，或者是为了个人的某种嗜好、某种物欲去牺牲我追求这种精神涵养的价值。这些价值能量一般都是在一些好的书本里面。因为这本书代表一种精华出现，它是经过人的审查才能成为书。同样地，一位好的讲者也是经过深思熟虑讲述他自己的话。所以我们要追求的就是这些能量、这些内在的价值。

　　这样说来还是抽象的，也许我们可以再把它稍微具体化一点。

　　国学的现代化指的是什么呢？这里所指的国学是什么？现代化我已经讲了，现代化是一种精神能量、精神价值，是人的整体生命所需要的，体现在人的自然自由的感情之中。所以它的存在是美的、是善的、是真的，是和谐的，是三者合一的，我们要追求的就是那种生命的美感，生命的美感又离不开我们生命本身那种潜在的"善性"。所谓"善"就是一种让自己能够得到充实感，让别人也能够获得那种充实感的行为或行动，或者是一种态度，或者是一种语言。这个是人们可以去考虑的，去认识的。它又代表我们对世界的认识，我们要跟这个世界处在不隔离的状态，所以这种现代化的价值追求，就是你一天不去面对这个世界，一天跟自然脱离关系，一天不关心人群，一天不反省自己，你就觉得已经不现代了，这是我的感觉。所以人们一定要随时随地，而且要有一个好的习惯，来面对这个自然世界，学习新的知识来面对自己的家人，来维护人跟人之间的关联。而不会因为自己一时的不方便、不高兴，就苛责他人，造成一些问题；或者是为了自己的逞强，自以为是，自以为了不起，去压迫别人，给人家难受。很多人是这样子的，因为他觉得他的精神空间是压缩他人而达到的，其实是不需要的。他可以自己开放，包容他人，而不是压缩他人。那么这也是一个问题。当然人们也会被动地陷入到一种精神的压抑之中，走向忧郁症。因为受到这种压力，人们就要求平衡，或者要求回应。这些都是需要去解决的问题。

　　所以在国学领域，我看到有些不但是正面的，也可以说有一些治疗作用的观点方法。比如就《中庸》这本书来说的话，"喜怒哀乐之未发，谓之中；发而皆中节，谓之和"，人就是有这样的一种能量表现出情感，他的身体也会有七情六欲。所以人们对世界的反映，必须掌握自己的情绪，掌握自己的欲望，来发挥自己，来行为。假如发挥得不当，行为得不当，过或不及就会导致问题，然后永远就在要恢复或者是要弥补，或者加强这个问题的循环过程之中，人们往往会因为自己一时之失而永远后悔。这是基本的问题。说到内在能量，刚才我提到要"喜怒哀乐之未发，谓之中；发而皆中节，谓之和"。那怎么"发而皆中节"呢？那一定要很恰当，"中节"的话就是说不过也非不及。这样的话你就把能量发挥出来了，当然这个也不是说一定都很理想。因为现在的人也有别的问题，你即使自己是一个有修养的人，你和一个没有修养的人在一块儿，你善待他，但他反而认为你好欺负，结果变成另外一个心理问题。所以这个时候呢，我们还要有一种智慧，我们尽自己努力去发挥我们内在的能量、善意。但是假如别人不予理会，甚至于变成另一个争端，那我们就适可而止。我们要有完整的自信心。这样的话就是一种修养，修养在这个地方就要求自己，不必要求他人太多。这就是我说的所谓国学的智慧，整个《中庸》这本书强调的就是人的内在中和的能力，他本来就有能量、感情，他也有欲念，但是他可以把它变成和谐化的力量，甚至于透过仁义礼智这样的德性来维护他自己的能量。对自己的父兄，对自己的配偶，对自己的子女，对朋友，对社会各种人，我们都可以有种内在的机制来避免过与不及，从而保持不过不偏。不过，这需要通过不断的练习，你才能越来越做到恰到好处，甚至于还要感动他人。所以这就是国学了，学习这一块儿，就是要控制心灵，发挥人的正气，我想这会有莫大的好处。

这就是国学的重要性，首先在于充实自己。这在《中庸》里说得更多，这甚至也是接着《易经》哲学来说的。自己有这种内在的能量，我们叫作"德"。对于这个"德"，要正面地去用它就是一种"正德"。这种"正德"能够把自己建立成一个更完整的人，那么这叫作"尽己之性"，甚至可以改变他人——"尽人之性"，甚至能够改变环境——"尽物之性"，最后达到一种化境——与天地并存。所谓"与天地参"，能够参天地之化育，能够促进美好的生活，能够生生不息地继承、发展。

如何面对现代社会的两个危机

在今天很复杂的社会环境和国际环境中，我们怎么样能够做到这一点，这就需要高度的修养。像今天我们面临一个危机时代，这个危机从人类来讲就是下面两个。

一个就是自然灾害带来的问题，包括现在所经历的疫情、瘟疫，我们以什么心情来对待它？我们需要高度的自制，我们要高度地尊重他人，才能有更好地保护自己的能力，有能够更好地帮助他人的能力。细节我就不多说了，但是有一点是很清楚的，就是我们自己的修养事实上是有结果的，是有效力的，这个不是空谈。所以精神的发展成功，也有医疗的效果，有物质控制的效果。所以精神和物质是内在统一的。

另外一个危机就是国际危机，或者是人际危机。有的国家认为自己是天下第一，所以处处为难别的国家，怕别的国家比他成功。人会怕别人比他成功，国家也怕别国比他成功，这个在心理上是需要克服的。怎么去解决这个问题？当然基本上是人的问题，这就在于一个国家的领导者，他能够有远见，能够有修养，有一个开放的心境、一个道德的情怀、一个完整的人格。至少他在国家政策上面、外交政策上面、国际关系上面，不会走那些偏颇的路线。嫉妒他人、嫉妒他国，然后随意地就把灾难带给别人，这是最危险的，也是最不可取的。为了这个目标，甚至于做一种不真实的宣传、一种假装的无知，这是不好的。比如说我们从中国眼光来看，从历史来看，人类是有很多不平等的地方的。中国在鸦片战争以后所受到的待遇和"二战"以后所受的待遇，有很多是让中国人不安的。可是他不了解这个问题，忽视对方的心情，忽视对方合理的行为，强加一些罪名于人身上，来阻止一个国家的发展，这就变成一个大的问题。

这也可以说跟我们的国学有关系，因为国学是要为世界、为人类服务的。比如说《大学》这本书，从人做起，所谓

"格物致知"就是科学的精神，"诚意正心"就是道德精神，就是对人心灵的能量的陪护。所以，所谓"修己"，要完成一个完整的人格，这是很重要很重要的。因为它涉及家庭，涉及社群，涉及国家，涉及天下或者世界。这里面你可以看出来这个中国的国学，其实是为了人的发展而有的深刻体验。从历史来看这点很容易了解，因为中国人从黄帝时代以来至少五千年，我觉得我还愿意把它推到伏羲时代，我们中国人已经看到天地人的关系，看到天地的生生不息的精神、互相和谐的精神、互相资助的精神、阴阳调和的精神、刚健自强的精神，其实已经渗透在中国文化的基因里面。所以中国后来的历史能够到一个我们信任的尧舜时代、一个理想的德化政治的时代，我觉得这并不是偶然的。

当然，你说我们能不能找到一些直接证据？从哲学上来说的话，我们可以做一个最好的推理，来作为这样一个最合理的预设、假设。因为只有这样，我们才能够看到在孔子那边发展成功了，能够看到一个文明成型状态。所以在这个意义上讲，国学的基础就是从易学到儒学到道学，到诸子百家。诸子百家每个人的精神都很满溢，都在发挥自己的所长，他们彼此有争论，但是也有包含。可以说在那个时候，中国已经对天下世界有一个基本关怀，而且能够容纳不同的差别，所谓"周而不比""和而不同"，这也就是国学精神。

国学精神的要旨

国学精神，在个人体现层面，表现为充实之谓美。我刚才提到了从美学看世间。对宇宙的认识不限于所谓迷信或者是偏见，而是能够用智慧来指导我们的德性，用德性来指导我们的行为。在孔子这个典范身上，我们就看到文化的格局，通过"五经"或者"六经"、"四书"来表达。这个我觉得是很明白的，这是国学精神的宝藏。我们要读它们，我们才能够找到这样一个东西。这需要现代转化，要读懂它们的确需要指导。事实上，这是精神的一种完美化、一种与时俱进的提升，这是我们所要说的国学精神的现代化要旨。

所以我们要锲而不舍，随时要用国学，把它变成生活的信条和潜在的信仰。这样的话国学就很有用了，对不对？它就是我们的精神食粮，代表了一种文明的理想，是别的任何价值不能替代的。所以我说，这个认识需要我们去发挥。现代中国物质文明很发达，但在这个方面的发展叫精神文明，还需要加强，从教育上面去加强，从道德上去加强，从政治上去加强。今天这个世界是不太平的，那么其他传统也有可取的地方，但是我们沟通不够。怎么样把我们的精神传播出去，让大家能够心服口服或者受到影响？这个是我们的责任，也是中国人的文化使命。

说到这一点，我想在做进一步阐释之前，说一下国学这种精神发展、心灵开放的条件。它的内涵实际上刚才我提到了，就是一种有创造性的宇宙观，然后是一种自然活泼的生命观，一种负责任的自我主张、自我遵循、自我监理的伦理观。说到伦理这一块儿，你会看到儒家的所谓德性，这个德性我们一般说的是"仁""义""礼""智""信"，我还加上宋明所强调的"诚""敬"——《中庸》里面的"诚"，和二程特别强调的"敬"。所谓儒家的伦理学——德性伦理学是很重要的，因为它是做人的基本要求和标准。人不要关心他人吗？人不要对人有礼貌吗？人不要追求知识吗？人不要实践自己所说的话吗？人不要公平吗？这是人的基本的价值。所以国学包括基本的普及化的价值，它的现代化实际上就是把这些价值不断地实现出来。

当然，我说的国学的范围，不只包括儒家。儒家也不只是说古典儒学，也可以包括后来的儒学，包括宋明的理学和心学，儒家代表一种精神的成就和价值观。像朱熹，他很重视主静、主敬，静就是主意，能够自己有所做主，能够心灵平静平和地处理事情，对别人没有偏见，对存在的事物有种尊重。有人说是敬畏，我想这个当然就是我们的生命观的一种发展。陆象山强调"心"，像孟子一样，所谓"万物皆备于我""我心即宇宙，宇宙即我心"，就是强调天地和人的密切关联；周敦颐"不除门前草"，这是直接的生活经验；朱子强调源头活水的生命力，可从自然中就看出来；王阳明强调的也是所谓宇宙万物和我之间一体的关系，强调"良知"，强调人能够自然明辨是非。当然这些都需要你的修养到一定境界，能不能发挥自己内在的本善。所以我想这些也就是我们的传统，就是我们说的国学。

假如把儒家的传统再扩大到道家，很多思想含义是要我们自己去诠释的。像老子追求清净无为，强调自然，这其实是很高的境界。所以怎么把国学现代化，在于我们怎么去发挥它的内涵，形成丰富的义理。它和我们的生活连接起来，使我们的生活的精神能量展开、展现出来。阳明的良知也一样，关键在于如何能够在生活的行动当中找到价值。所以这个"良知"是天地之精灵啊，总的来说无所不在。这个我觉得就是很好的国学思考，人类要发展下去，生活下去，就需要这种活性的平等的开放的精神和心灵。这就是国学所强调的生命感、美感。

除了儒家道家，当然还可以把在魏晋以后所发展出来的佛家智慧也纳入进来。这点我想从现在来看，因为我们现代性可能更强一点，不会像朱子和二程，他们必须排除佛道。当然这个排斥是有社会上的理由。但是我们要为它定位，就是今天佛教哲学有它的价值，只是在什么地方我们要把它展现出来。在我自己来看，国学也可以包含魏晋以来在中国形成的佛学，尤其是天台、华严、禅宗的精神。禅是追求最终的真实、终极的真实，永远要寻求一种觉醒、一种启蒙、一种醒悟的境界，这是一种现代化的力量。谁追求终极的价值？谁使自己的心灵开放、创新，具有活力，来实现人的完整性？不是说我们每分钟都做到这点，但是我们如能做到一些，便觉得自己有种满足感。你看孔子说的这句话我觉得很有意思，就是"朝闻道，夕死可矣"。为什么"朝闻道，夕死可矣"呢？因为他能够在一定时间里开展自己，实现了自己的完美。所以他的生命就已经有了很深刻的价值，甚至于即便不在世界上，但他已经实现他自己的价值了。我觉得这是一个重要的认识。

当然今天我们也可以说，西方有很好的传统。从历史知识来看，西方也是人类的一部分。它很早形成了灿烂的文明，但是后来走入中世纪，这也是它自己的一个宿命——它陷入所谓超越性的上帝信仰之中。再后来它走出来，科学高度发展，这也是它的成就。高度发展的科学当然也有局限性。当前的科学能不能取代我们的精神价值，就像西方的宗教能不能取代人类存在的价值一样，需要我们去深思。所以就这一方面，我想中国的整体的不断创新的实践的生命观，对促进人类的共同价值观与共同生命信仰具有很大的作用。

国学的世界传播

提到中国国学的传播问题，过去也有很多人讲过。在历史上有些传播也非常成功，比如说明清之际，耶稣会的传教士把中国的包括理学在内的儒学传到欧洲，对欧洲的启蒙运动起到了很大的促进作用。对我们中国的知识，也可以说有很多西方人接受，也受到很好的启发。但是，西方也反过来向中国传播它的知识。我们不只是要应用科学，不只是要应用科学技术，而是要发展科学的认知，要掌握科学的理论，要掌握科学理论所代表的精神。就中国发展科学方面，我觉得有一点是很特殊的，就是中国的宇宙观、生命观、价值观能够包容科学的发展，也能包容中国传统道德价值的发展。不像在西方，科学的发展往往和宗教有种冲突，这个冲突在早期特别明显。所以这是我们的好的精神，我们可以把我们这种和谐化的思考不断传播出去，不但要解决科学和宗教的矛盾，还要解决伦理学中的一些地方主义和整体主义的矛盾。因为中国的国学是一个整体的、开放的、动态的发展过程，是一个全面性的东西。我们不去提倡，怎么会有一种传承？

　　这里我要提出一个批评。现在我们对国学及国学的精神弘扬，在近代基本没有做任何工作。我们没有积极地去推动中国学术，尤其是中国哲学的发展，来贡献于世界，来激励这个世界，或者来启蒙这个世界。这是我们很大的一个问题，我们很被动，而且被动到甚至连自己原来的东西都丧失掉了。凡是西方说的东西都是好的，中国的东西就不想来探讨，很多学理工的朋友对中国的哲学不屑一顾。我觉得这是一个大问题，这是一种精神上的病态。所以我们现在就要积极一点，不积极的话，我们没有办法找寻我们在世界的定位。因为我们现在很多地方遭受的正是西方人不了解中国的后果，他们不了解中国文化的本质、中国国学的本质。了解它，并不是说非要完全接受，至少发现它对他们的生命是会有很大的帮助的。它是一个滋养，是一个资源，是一个营养，要了解这一点。但这个是要我们去做的，我们并没有做好；反而是西方人做得比较多，这是我的很大感受。

对中国文化或国学传播于世界这个问题，现在举一个例子。我想提醒大家的关心注意，这个工作如果没有人去做，就变成我们把我们自己闭塞在一个空间里面了。外面人来闭塞我们，我们自己又闭塞我们自己。我们怎么突破呢？这就需要文化的突破、开放和传播。中国文化的突破、开放和传播对中国人很重要，对西方人也一样重要。比如说在典籍翻译方面，我们看到"四书五经"的翻译，我不便展开细谈。最近发现"五经"之一的《易经》翻译本就比以前多很多！大家都知道，我自己研究《易经》哲学和管理学。在《易经》翻译的版本中，先有理雅各(近代英国著名汉学家)的翻译，后来又有卫礼贤(德意志汉学家)的翻译，再后来还有各种不同的翻译。近年来中国人自己也进行了一些不完整的翻译。我在把《易经》当作哲学来讲的时候是 1965 年。西方研究《易经》、翻译《易经》，主要看中它的卦象可以作为占卜进行使用，看中它的历史价值，并没有看中它的哲学价值、它的生命价值，就是我后来提出并特别强调的。

另外一本书就是《尚书》。《尚书》这本书最早的翻译是在18世纪初，法国人翻译的，他们主要是想了解中国，翻译之后就有一定的作用。利玛窦在16世纪后期、17世纪初期到中国传教，就可能已经认识到《尚书》的重要性。因为《尚书》里面也会提到"上帝""天"这些概念。这是最初的翻译，达到他们要了解中国人的宗教信仰的目的。

然后，在18世纪到19世纪《尚书》又开始有新的译本，也是为了研究中国的需要。因为19世纪是西方对中国批评的时代，认为中国的经典，包括孔子的《论语》都不值一钱。西方人在发展他们自己的一套哲学，尤其是黑格尔提出的历史哲学，把中国的经典看得很低啊！这是一个很大的问题，是西方人的偏见，这个偏见现在还在那里。

19世纪后期理雅各的《尚书》翻译还是比较有意思的。理雅各的翻译利用了中国学者——理学家的原材料和看法来翻译中国的经典。但是理雅各自己是一个苏格兰的神学家，他相信神学。所以他翻译的主要目的在于说明中国经典里面所表现的"天"和西方基督教的上帝是一致的。他有很多见解，可以说也比较开放。他认同儒家孟子的性善论，不同意基督教所谓"人生来就有罪"的观点。他不接受"原罪"这个说法，所以他有他的目标，还是要把中国儒学神学化。

20 世纪高本汉（瑞典汉学家）的《尚书》翻译是从语言学的需要角度来进行的，对中国古代语言中的那些音韵怎么看，怎么认识，这就需要了解中国古代语言的发展历程。

20 世纪 50 年代还有一个版本翻译得比较通俗，但只是说明《尚书》中的一些观点，只是历史的翻译。

这五种译本代表不同的目标、不同的作用。我们这里有很好的《尚书》学者，有年轻的，还有非常资深的教授。他们对《尚书》的研究应该是极有成果、极有成就的。所以就这点而言，我们的确可以来发挥一些《尚书》的精神。《尚书》的精神就包含了刚才说的"敬天爱人，民胞物与"的精神在里面。但是我们自己没有翻译，没有去发展，这是我们的一个短项。我们有很好的东西，经常是西方人在开发。每一个世纪都有人在开发，从 18 世纪到 19 世纪再到 20 世纪都有翻译本。他们的翻译是为他们的目的，我们没有发言权。我们没有办法说它到底代表什么，是什么意思，我们都有什么发展。国学有它的问题，就是因为没有人，也没有财政支持中国典籍的翻译。除了"四书五经"之外，还有道家的经典，还有中国佛教的经典。在国际上流行的是日本佛学，而不是中国佛学。因为日本做的翻译传播工作比较多，包括禅学，他们叫 Zen 。我翻译禅学，就叫 Chan 。

这里可以看出来，中国的文化传播需要集大众之力，需要有更好的支持，有企业家的支持，甚至有国家的资助，才能在一个比较大规模的情况之下去发展。就好像当年的中国南北朝翻译佛教的经典一样，甚至于不是你一个人在翻译，而是集许多人的努力合作翻译经典，把它的正确性翻译得面面俱到。这样的话它的影响力就大了，但是我们这里没有做到这一点。假如我们今天有能力，有这个财富，我觉得要主动地去翻译我们的经典，翻译成英文，翻译成其他欧洲文字，比如说法文或者德文。但是，我认为能翻译成英文就已经很不错了。这样的话就可以更有效地去传播中国的国学，这是很重要的。我们有很好的国学家，有很好的哲学家，就是没有很好的搞翻译的学者，没有财政的资助，没有一个优秀的传播组织来推广我们的文化，这是很可惜的。我今天特别要呼吁引起大家关注。

对于国学的现代化和世界传播，今天我所提到的这些是很重要的。就我个人来讲，我非常看重这两个方面：一个是我们自己要激活我们的国学，把它变成我们的生命的一部分。它和我们其他工具化的作用、活动密切相关，甚至使工具更具有一种伦理的价值，能够适合人的需要。比如说现在很多科技发明变成一个大的问题，因为人们习惯于用机械和工具，结果自己也慢慢变成机械和工具。不是说把机械工具变得更人性化，更结合人的需要来操作，反而我们必须适应机械工具的语言和操作方案。当然有的产品功能是不能折中的，但是有的能不能够变得更人文化一点、人性化一点，这是一个很重要的改良标准。而且最重要的就是大家对国学的认识仍然是不够的，只是传播一些知识，一些文字上的知识、文本的知识，或者只是一些概念的知识，对它所包含的生命、心灵的能量和它的含义、精神还没有真正发挥出来。国学的现代化应该主动体现在后者，而不是在前者。这是我个人的见解。

国学现代化跟世界传播当然是离不开的关系。国学是中国人的学问，中国人自己又不去讲，不积极去推行，那么别人就可以忽视它。这就是我们的问题，我们要从身体力行中去掌握自己的精神生活、价值信仰。我们要示范才能够达到一种影响，尤其今天在我们这样一个开放的世界的格局里面。虽然这个格局是开放的，但是中间有很多障碍，我们需要通过我们的文化、我们的精神、我们的实践来突破。除了持续不断地创新追求，在我们的工具生活之外，要能够多关心终极价值观，这样也会对人类的进步、和谐、和平做出更好的贡献。这也是我们现在所需要面对的问题，尤其在今天这个危机时代。我们呼唤中国的国学精神、中国国学的现代化精神、中国现代化的国学实践。让我们共同努力吧！

如何面对西方文化

今天第七讲是最后一讲，整个系列课程就国学的重要问题进行了一个广泛但是深刻的探讨。

这一讲很重要，我原来的题目是《西学的中国化》。因为在第六讲谈到国学的现代化和世界化，我们不但要传承国学，而且还要传播国学，所以它必须涉及一个世界化的问题；而且是在现代传播，它应该有现代化的问题，能够和现代人类的文明衔接起来。我们要吸收西方文化的精华，可以作为前车之鉴、他山之石。我本来是这样一个想法，但是后来有朋友建议我提出一个更为挑战性的题目——《如何面对西方文化》。

沟通的态度

西方文化包含面很广，不只是西方哲学，"文化"本来就比学术范围要广。因为它包括了宗教、政治、经济等内容，在今天还包括科技、金融等内容，所以它是一个比较广泛的概念。而这个"面对"，也是一个直接感受的动词。那怎么面对？其实你无法真正地去面对，即使你突然一下到美国，或者是到欧洲，你在那里的文化之中，你面对什么东西，这还是个问题。你面对的是人，还是建筑，还是其他什么？所以这个"面对"应该是从广义来说，就像文化是从广义来说一样。但是我还是重点先从东西方两个文化如何彼此了解这个过程来说一下。我们要面对的比如说是西方的哲学、西方的宗教、西方的政治、西方的军事、西方的经济、西方的科技，这些都是可以面对的，还包括西方的道德、西方的社会风俗、西方的生活习惯。所面对的这些是非常广泛的。

事实上，可以看出来其实我们一直都在"面对"。最早是西方人首先到中国来，就近代史来说的话是西方的宗教——天主教通过耶稣教会组织到中国来传教。首先他们要面对中国的社会、中国的传统、中国的文化。但是我们呢，作为以静待动的话，也要面对从西方来的这些"不速之客"，或者是他们的一些团体。这些人来之前已经做了一些研究，如"我

们现在应该怎么称呼我们自己"，所以就产生了利玛窦在 16
世纪最后一年到北京后自称为"西儒"的现象。他认为自己是
西方的儒家。传教士们当初以为中国是佛教国家，所以他们
自称为西僧，就是西方的和尚，但后来到中国之后发现——
诶？不对，这个社会上最受尊重的是儒家、儒学、儒者，所
以他就自称为"西儒"。西儒要怎么面对中儒，就是他们的课
题。当我们看到西方传教士来了，我们也要面对一个问题，
就是他们自称西儒，那到底是什么样的一些人，到底是代表
什么，要做些什么事，他们的目的何在。这些都是要去面对
的，这个"面对"是复杂的一个课题。

　　但是今天这样讲是因为要针对我们年轻的朋友，你们要
学习国学。学习国学，一般要面对自己，面对自己的传统。
学习哪些东西，为什么要学习，目的何在。同时你要在这个
基础上面，或者在这个立场上面如何去理解西方，理解另外
一个文化传统。所以这里就涉及一个文化与文化之间的沟通
理论——沟通学。那么这里我就提一下，这个沟通学很重
要，我们一般人可能缺少这样的素养。但是以后我觉得人们
会慢慢地都有一种沟通的感觉，然后才能够面对他者，产生
一个好的结果。假设说我们应该去面对新的事物、新的人
物、新的传统，因为它们已经存在了，从一个求知和认知的
立场我们需要去了解它们。面对西方文化，我们第一个就是
要了解它到底是什么东西，它的重点在什么地方，表现在哪

些地方，有哪些发展，怎么样发展。所以要面对它的历史、它的哲学，要面对它背后的那种动机、动力。还要面对它间接或直接的预谋，也就是说它的谋算和计谋，比如说它要达到什么目标，为什么这样做，这是很重要的。

一般而言，我们在认识另外一种文化或者一个人时，应该说理解是非常重要的事情。第一步就是要去理解，理解在于诚心诚意地了解对方。从我们的对话考察就知道对方到底在说什么，他的行为是什么，生活的目标是什么。这是我们要去了解的。所以你看到一个外国人，就是要从这些方面去了解：他是什么人呢？为什么在这儿呢？他代表什么呢？有什么目标吗？他是不是需要我帮助？或者说他有另外一种目标，需要防备他？这些都是可能的，因此了解是多方面的。这是一个人在一个外在的环境里面，在自己的环境之外，必须有的态度。对你自己的亲人当然就没有这个问题，比如在家或者在学校。一个安定的社会充满了信任，人们之间有一种自然的接受、一种自然的推理，因为大家都已经分享了某种共识。所以他可以从个人推到他人，有种共同的感受、共同的想法，这是理解。

我们诚心诚意地去理解不同的民族、文化，也是希望他们了解我们。因为在了解之后，才能够产生共同的认识。在正常的情况之下就可以产生一种可以分享的共同的观感。我觉得这很重要。这样也形成一些初步的信任、初步的友善。

因为我觉得理解的目标就是让大家产生感应、合作，达到双赢。或者来增加个人的能量，互助互惠，像墨子说的"兼相爱，交相利"，产生这样的连锁。他的目标是好的，也可以说理解的目标在正常的情况之下应该是一种共同的善。他的动机应该是与人为善，我觉得这是最根本的一个前提。人之所以为人，人之所以有人性，就在于他能够诚心诚意地去让别人了解他，也能够诚心诚意地去了解别人。他有这个诚心去了解他人，才能建立彼此可以信赖的感情。这就是《易经》所讲的君子"修辞立其诚，所以居业也"。

　　大家有了共同的信念，有了共同的目标，才可以共同合作，来进行共同的或者不同的能够促进彼此幸福、彼此发展的善的实践。所以理解的目标就是能够促进整体的、个人的发展，促进两个人之间的关系的发展，促进两个人共同追求的目标的发展。这个我觉得是很重要的认识，这是人跟人之间的基本要求。那么把它扩大，从一个人到一个家庭，到一个社群，到一个国家，都应该有这样的一种追求。比如我们诚心诚意其他国家交往，让他们了解我们，我们也了解他们。他们的要求也许我们做不到，但是我们一定是尽可能地去做到能够做到的，只要是出于一种善意，能够达到一种善的目标，当然最后应该是一个好的行为。所谓的世界化、全球化也是建立在这个基础上的。人们通过交流对话，还有其他的共同生活方式、共同行为方式来达到实际行为上的合作，达到美好的结果。如此才能够有共同的善，然后来实现所谓天下一家、世界大同的理想。这样既能够减少个人的灾难，也可以增加全球人类的幸福。我想这就是我们应该有的一种理解的立场来面对西方文化，同样西方人民面对中国文化也应该有这样的一种态度。所谓文化沟通伦理，都要有这样的认识。

但这个说起来很容易，事实上却不是如此。因为这样一个想法是很理想的假设，现实很多情况并不是这么理想。因为人或者国家或者团体要了解对方，往往是有目标的，尤其是对于不远千里而来，他是为什么呢？他不是说只是和你建立个人私交，发生友谊，不是的。他想做一些事情来达到自己的目标，必须明白这么一个现实的需要。

我想在中西文化的交流和面对中，基本上都是西方人抱着一定的目标来到中国，让中国去面对他们。当然在过去中国人也有自己的目标，要去面对西方或者另外一个国家。比如说玄奘要到印度去取经，那是中国人去面对印度文化。他的目的是好的，因为他敬仰这样一个西方（当时的西土）佛教的国家，要到那里去取得佛经，了解人生的一些道理，这有利于人类追求善、追求真。在这里也可以说是教育的目标、学习的目标，所以这是好的。

但是假如有另外的目标，那就不一定了。现在必须从这个角度来看，我说的这个理想的沟通方式是值得我们去保留的，需要去发展的。今天虽然经过了很多风风雨雨，中西的关系很复杂，但还是需要保有这样一种理想的沟通方式。人类文明的每一次碰撞，我们都有新的开始。东方和西方都应该有这样诚信的态度，为人类解决纷争而沟通，大家追求共同的善，创立共同的福祉。

宗教分野与礼仪之争

我刚才已经提到了，从中西历史上来看西方人非常主动地到中国，面对中国，把中国当作理解的对象。我说理解对象可以是为善，但也可以有别的想法，这些我们需要去了解。我们从历史上得到了教训，首先比如说 17 世纪，欧洲的宗教家到中国来进行沟通，他们的目标是什么？是传教。在 16、17 世纪，利玛窦和后来的这些传教士到中国来，就是为了要达到天主教传教的目标。因为他们觉得这是一个神圣的事业，符合他们宗教的要求。但是他们没想到的是，中国已经是一个文化非常发达的国家，也有高度的文明体制。中国已经有了儒释道，他们一来就要面对儒释道的区分。那么，他们要采取一个立场。他们要采取一个什么样的立场？来应对哪些观点？哪些教派？

首先他们决定要结合儒教。为什么要结合儒教？因为儒教就是主流，更重要的是儒教也可以说属于当权派，他们可以接近当权的为政者。所以他们就走儒教的路线，比走佛教的路线或者道教路线要好，历史上很少有西方人特别跑到中国来学佛教的，很少有人到中国来学道教的。但是学儒教的话，他们就觉得到中国可以结交一些政治上的权贵，来达到传教的目标，这是对他们好的事情。

但是呢，我们从下面的事情就可以看到，这里面这种沟通有一些实质的问题。

简单地说，从17世纪到18世纪初，都是一种宗教的"面对"；到19世纪，就慢慢变成一种商业、政治和军事的面对；到20世纪，这种面对就更为深层了。假如你不能回到原来那种理想的沟通方式，他们就只能发展自己的一套需要，沟通就变成是自己的需要，需要决定你沟通的方式和手段。到了20世纪90年代，这个沟通文化的交流形成了一种冲突矛盾，所以"文明冲突论"也由此产生。我们从这个角度来看看，检视一些目前还无法面对的问题。

在16、17世纪利玛窦等传教士来了之后，发现他们不喜欢佛教和道教，即使在儒教里面，他们也不喜欢宋明理学。因为它是一种强调人性人心的宇宙论，人可以自己做自己命运的主宰，没有一个终极的超越的上帝来支持。所以他们不太喜欢这样一种理性主义的以心灵作为基础的理解论和为善论，他们想回到原始儒家，想回到孔子。因为那个时候的儒家还继承了早期中国文化中原始的具有宗教意义的一些观点，那就是对"天"，对所谓"上天"或者是"上帝"这一方面的认识，他们认为这符合天主教的教义精神。

但是到后来，他们发现那个也不很完全符合。早期以利玛窦为代表的传教士就把上帝叫作天主或者就叫上帝，因为它们是中国字。他们不想用"天"这个字，觉得"天"好像太自然了，他们想用一个词来表达超越性意义的最高权威的神的含义。但是后来又发现这个上帝、天主其实从语言分析的角度，都有中国天人合一的背景，也就是说"天"有天之帝或者天之主的意思，但是，天跟人是一体的，是天生人，人能弘道，就是如孔子说的"人能弘道，非道弘人"。天有天道，人是依天道而生，所以人也能够弘道，能够继承天而弘道。这样对他们来说，就把他们原始的宗教模式改变了，上帝耶和华可是绝对超越的，跟人没有关系的。但是，他怜悯人，所以就叫他的儿子耶稣来救济人，耶稣因此上了十字架，就成了所谓天主教或者是基督教的教主。所以这样一个发展，主要是建立在所谓超自然或者自然超越和世俗的差别上面，这两个是不能混的。只有这个差距、差别，人们才能够很谦虚地去听上帝的话，能够读上帝的文字，才能够行为恰当。甚至于要教你怎么爱上帝，因为爱上帝，而上帝创造一切，所以你可以爱父母。这些道理是天主教非常重要的教义，甚至于他认为这就是唯一的宗教、唯一的神。

当初把上帝叫作"上帝"，叫作"天主"，基督教觉得不恰当。尤其在16、17世纪，利玛窦代表的耶稣会，虽然比较接近或者接受儒家的一些想法，比如说敬天敬祖，也祭祖，也祭孔，当时他们解释说这种行为其实是一种世俗的敬意啊，并不是崇拜，并不是对上帝的那种拜服，所以他们认为是可行的。但是后来发现这也是一个问题，关键就是首先这个名字就要改，就是上帝不能叫上帝了，天主也不能叫天主了，又没有别的词可叫，干脆就叫它的声音，就叫"多斯"，拉丁文的 God 就是 Deus，Deus 在拉丁文中就是上帝的意思，当然这个是拉丁文发音。其实如果上帝被说得更深刻一点的话，他的名字是没有的，包括原始的上帝叫作耶和华，但耶和华也不是名字，耶和华的意思是说"我是我"，所以上帝其实没有什么名字。既然绝对不可以叫天主，也不可以叫上帝，那只能叫他"Deus"。但后来教皇发现这个词也不太好，因为世人也很奇怪，你就等于给上帝一个名字了。因为语言当中，他本来是一个一般名词，代表一种意象，你这样给他一个命名之后呢，他就变成了一个存在的专有名词——proper nouns。就好像这个人叫 John，那个人叫 Marry，上帝就叫 Deus，这个就有点奇怪了。所以后来他们也不用这个词，天主教最后说干脆也不叫天主，也不叫上帝，就叫主——主耶稣，这样就解决这个问题了。所以他们是以这个"主"作为基础，这个说的是在跟中国交流当中，他们要面对自己的困难。

另外还面对的一个困难，就是中国的教徒是中国文化的产品。他们要祭祖，他们要祭孔，他们还要敬天。这是中国古老的传统，这个传统已经延续几千年了，天主教觉得这个不好。17世纪在利玛窦以后，那时候已经有很多教派，除了耶稣会，还有Dominican（多明我会修道士），还有Franciscan（方济各会修道士），这两个教派到中国来传教，他们跟耶稣会竞争。他们到教皇面前去投诉耶稣教会的神父允许中国的教徒祭天、祭祖、祭孔，这一点让教皇很不高兴，有好几任教皇都非常反对，所以就下了命令，不准中国的教徒祭祖，也不可以祭孔，也不能够祭天。在祭天的时候最好站在旁边不说一句话，因为教徒不可以把"天"当作上帝。其实教皇当初已经是把中国的宗教当作自然主义的一种生命的表达、一种本源的表达。他本来就不应该有这个担心，但是事实上教皇一方面不承认儒教是宗教，另一方面又好像把它当作宗教，所以对他们要祭祖，要去敬天，要去祭孔，就觉得很不高兴，所以紧接着就大肆禁止了。

当初康熙皇帝允许来传教。如果传教士是善良的老百姓，也没有什么奇怪的，也没有什么怪癖，你们来传教，可以！只是传教的目标是什么？你是传教士，想让我们的老百姓变好，但是现在要他们不去敬天，不去祭祖，也不去祭孔，那你不是要管我的人民了吗？所以康熙说了一句话，就说那谁在管中国人啊？是我在管还是你在管？这不是等于在挑衅我大清的主权嘛！你们既然要这样做的话，我不允许，那你们就走吧。1721 年，康熙就下命令说那你们解散好了，你们就回去好了。假设不回，你们留在中国也可以，你一辈子都不要回去了，就要跟中国人走。这种在历史上叫作"礼仪之争"吧。我觉得"礼仪之争"是有很深刻的文化含义的，大家是怎么去认知对方的信仰，怎么去站在一个与人为善的角度，怎么去融合这个信仰，怎么去建立一种共同信仰，是不是也是一个问题？原来的天主教，是由于天主教本身的排他性的宗教情怀，所以不允许多种形式、多种方式的敬神活动，甚至于把上帝名字也要改一下，让大家都不知道上帝到底是什么。

　　当然，今天天主教已经开放多了，这些都不成问题。但在当初的确是一个大问题，直接就造成中国禁教，从康熙到雍正到乾隆，到后来都没有松过口。中国政府基本上就不主张西方宗教到中国来，如果来的话就等于是干预了中国的主权，干预了中国文化本身的基本信仰或基本行为。所以，对于文化沟通，你面对一个文化，不是说只是面对的问题，还是一种判断的问题、一种诠释的问题、一种理解的问题，还有一种行为的问题，最后是行为作为标准，到底你这个行为是我能接受还是不能接受。

　　今天可以看出来，对于文化的沟通，当然我们觉得应该是在方式上面、在一个目标上面，一定要合乎一个广义的善、共同的善。但是它在形式上面就不必要规定某一种形式，因为每一个文化、每一种传统，都有自己的方式。中国人祭神祭祖，这可以说是最善良的一个习惯。这并不等于祭神祭祖就好像在祭上帝，没有这个意思，是吧？那么同样你礼拜耶和华，也不表示你就不可以祭祖，也不可以祭孔。因为祭孔是尊重孔子作为万世师表，是一个文化的圣贤。所以对这个"圣"字，他们还认为只有基督教可以用，连佛教、儒家也不可以用，这就有点文化霸权的味道了。

今天我们必须面对这些问题，我想是要深思的。因为在这方面是会引起很多争议的，纯粹从文字上面、概念上面看的时候，就会有一些问题。从一个哲学家的立场，我认为这个问题应该可以比较好地解决，我们尊重对方，但是要对方也尊重我们。大家可以有不同形式来诚心诚意地沟通，达到一个共同目标，但是你表达的方式可以不一样。我觉得这就是一种真正的多元。

礼仪之争，是代表18世纪当时中西文化交流与冲突的一个情况。

战乱时代中西沟通的错位

现在我们要说一下19世纪。19世纪是非常艰难的一个世纪，这跟17、18世纪没有很大的关系。19世纪西方工业革命成功，传统的西方文化受到冲击。因为工业革命之后，生产力大增，一个工厂能够生产那么多产品，他们就想赚钱，产品这么多谁来买呢？比如说皮鞋，一个人最多买几双皮鞋，还有那么多皮鞋怎么办？机器可以做很多皮鞋，需要卖来赚钱。这个赚钱就变成一种诱惑——钱赚来是好事，这是资本主义发展的一个起码因素。它要市场，要卖产品就要开辟市场；同时也需要原料，要做鞋子，原料怎么来？要到处去找原料，到处找市场，这就是19世纪英国人跑到中国来的一个基本原因——你们中国那么多人来买这个工业产品不是很好嘛！所以要跟中国做生意，中国人也不了解这个道理。

这也是因为当时文化的问题，我们的文化应该与时俱进。与时俱进有两个意思，一方面不断地创新，不断改变自己，越来越好；另一方面要关注周边的环境发展，进行信息沟通，不是说你生在19世纪但还活在中世纪，交往的对象还想成是古代的西方。它不是古代的西方了，已经是现代的西方了，已经是一个工业化的西方了，已经是西方的现代国家了，像大英帝国甚至超越了罗马，成为一个新兴的全球霸权。所以在这样的情况之下，中国不愿意跟他们做生意，觉得做生意没必要，我们也不需要买你们的东西。英国人的目标是什么，是来跟我们建立关系，那当然可以建立关系，中国人很诚恳，那可以啊！你要东西我也可以给你，但是买卖就不需要了。因为没有这个必要，我们从农业的立场认为没有这个必要，也不需要卖我们的农业品。我们自足，我们也不买你的工业品，因为我们不需要。在乾隆时期，那时中国的环境，还是用朝贡的态度和方法。但是事实上也由于中国文化内部的问题，尤其是清代管理中国的那种方式，已经有一些乱因出现了，它要维持一个大一统的国家，怎么样能够更好地去融合不同的民族、不同的教派，更好地采取教育教化的方式来推行好的文化政策。至少在清代看不出来，反而往往采取闭关自守的方式。

　　这个时候，西方人也不能接受中国的态度，说你们不买也不卖，那怎么行？因为他们的沟通，是要达到一个市场的开拓，要卖产品。那么他们干脆就想办法，来达到市场开放的目的，当然跟其他因素有关系——因为那时候有东印度公司，印度人也受到英国的所谓殖民政策的影响。他统治印度，也就是把印度当作原料的提供地、劳动力的提供地、廉价产品的推销地——这个时候西方人就发现鸦片对人们有很大的吸引力。那么人呢，要知道在正常情况下人是善的，这是我个人的信仰。但是在特殊情况之下，就好像一个人会生病一样，他就会为一些特殊的环境所诱惑，或者所宰治，这个时候他的动机就不纯了。他本来就是与人为善，诚心诚意去交朋友。可是后来为了达到自己的目的就不诚意，就采取欺骗的办法，采取强制的办法，采取策略，让你不知不觉地受他的控制。这就是当初中国不知道的一个西方文化的因素——西方文化就有这样一种侵略精神。可以看到希腊雅典，在地中海附近，建立了那么多殖民地，特洛伊战争就采取了欺骗的手段取得胜利。可见文化交往，一旦有了一个新的目标，他就可能要不择手段地达到。

19世纪中国遭受了英国的毒计，英国人把鸦片输入中国，来赚中国人的钱。同时想办法来控制中国的市场，要做生意，强迫别人做生意。而中国也不知道，中国只是说火来水挡，只是零星地去面对。中国人开始是有禁鸦片的想法，但是没有做整体的规划，没有去探索最后的目标。为什么他们要卖鸦片？为什么他们要这么积极地来攻击、来毒化中国？这需要理解，需要深度去理解，当一个行为比较反常的时候，我们就要去了解它为什么这样。

在21世纪，我们面对西方也是一样的，它有许多行为是反常的。我们就要了解它反常的背景、目标，终极的想法是什么。那我们要攻破，就是要攻破那终极想法的一点，说穿它那一点。当然我们的目标还是好的，使之以正，希望它还是走一条正道。这是人类根本的目标、根本的追求。但是当时并不知道，后来就产生鸦片战争。因为我们也不熟悉西方强势的一种努力、一种能量。英国只是几条军舰跑到中国来，居然把中国所谓重防的军队打败了。鸦片战争一下涉及好几场战争，中国都被打败了，好像没有一场是成功的。最后林则徐还受到惩罚，而且当局者，像耆英这些人当初还是很正直的，后来发现——哎呀，胆小了！因为当时的确看到西方人强起来，他们的船坚利炮打不赢怎么办？只好求和，之后赔银子，开放海岸给他们做生意，甚至把香港也割让出去。

这段历史非常非常的不幸，中国不知道怎么在世界之林中掌握自己的地位，去认知他者的行为，去面对彼时的他者的目标来进行最初阶段的沟通，来了解彼此的动机，来纠正这个动机，使其为善，使人跟人的关系建立一种平衡，甚至于达到一种和谐。这里我觉得清政府没有做到，所以造成了第一次鸦片战争。这个是对西方文化不了解所导致的代价。

我觉得第一次鸦片战争的失败，还可以谅解——是你不了解对方。但第二次鸦片战争，所谓与英法联军的战争就不一样了。这次是英国人、法国人找了些借口，他们不满意清廷的做法，要重新纠结军队来打中国，他们已经知道中国很弱。最奇怪的就是从1842年到1860年第二次鸦片战争，中国的清政府没有做什么改进的事。在第二次鸦片战争时，大家发现很多炮台没有整修，很多地方不仅没有练军，没有军备，甚至连驻军也没有，百姓也很懒散。这就让西方人看穿了。我打了你一次你还没有警觉，不知道怎么改善自己，强大起来。所以我觉得我是不能理解，也不能原谅清政府在这方面的做法的，它完全没有去思考这个问题。第二次鸦片战争之后，订立《北京条约》《天津条约》，后来又加了一个俄罗斯做调解人要求的《瑷珲条约》，中国失去的土地，简直不知多少！

那么这里就有很重要的认识，这点我想大家都知道了，那就是西方人的特性。在近代，由于资本主义工业革命的成果，他们敢于去从事冒险的行为，要达到自己的目的，不择手段，包括去闯关，去挑起战争。甚至建立殖民地，用鸦片或者其他什么办法来毒化你，达到目的。这已经不是传统的战争的模式了，已经慢慢走向一种全面性的、值得深刻考察的制胜方式。这就是所谓近代西方战略的、经济发展的基本的方向。你要有策略，又要成系统，利用这一套才能达到你的目标。这是一个特点，西方英国、法国都走的是这条路。

西方还有一个特点，就是一窝蜂主义。中国从签订《南京条约》之后，又签订《北京条约》《天津条约》《瑷珲条约》，紧接着所有的西方国家都来中国要求签订同样的不平等条约。这是中国人没有想到的事情。他们是一窝蜂地一股脑地就过来了。你只要输了一次，更多西方的强权，就像天上的秃鹫一样，把你当作地上的一个尸体，要吃得干干净净，每个国家都想要分一杯羹。所以西方在 19 世纪所代表的这种列强的侵略不是空话。

我对这一点是深有感触的。因为从鸦片战争前后，到上个世纪——20 世纪中期，我们看到的就是西方列强对中国的侵略。我出生在抗日战争前夕，日本人首先就警觉到西方的厉害，脱亚入欧。他们开始全面性的改革，要求全面性地加入西方，同时对世界上那些还没有走上工业化的国家进行大规模的宰治屠杀、土地占有。我想这就是面对西方时的历史教训，所谓面对西方是什么样子；是不是也要面对你自己，从这样的失败中深思问题；是不是能够再进一步去修正你自己，改进你自己，来强化自己的能力。外部的文化可以是霸凌地来干扰你，也很有计划。而你作为自身，能够拿什么能力来对付，你有什么立国之道，我觉得这个是我们不能不去反思的。所以要面对西方，不是说只是面对西方而已，还要面对自我，面对自己。

这里我们必须还要说一点，从19世纪到20世纪，西方人包括日本人对中国进行的掠夺、侵略、瓜分，把中国甩到半殖民地半封建的境地，中国人到底该怎么办呢？这是我们面对文化沟通时必须说的、必须了解的东西。这个还不能仅仅从单纯的理论上说。20世纪后期，在1992年，亨廷顿讲文明冲突，其实我当时写的一篇文章就提到文化的冲突最后还是利益冲突、土地冲突。因为最后西方是要获得利益，但这个利益是跟土地有关系的，就要你的土地、要你的钱——对于土地他可能觉得麻烦，可能不要土地——但是钱他是绝对要的，他的宰治是绝对要的。这就是所谓文化沟通，面对西方文化，这是我们必须警惕的地方。

　　这里我觉得还有一个值得去思考的问题：为什么中国人后来就把自己的文化丢掉了？从鸦片战争到第一次世界大战，第一次世界大战按理说中国是战胜国。但是中国没有得到自己所要求的，还要把自己的土地——德国的租借地（德国是战败国）——青岛转给日本。这当然是受不了的事情。这里可以看出来，中国要怎么样去解除西方人加在中国人头上的桎梏？一旦你被套住了，就被打入深渊而不得翻身，这是很不幸的事情。真正重要的就是下面这个过程：第一个就是鸦片战争之后，中国的工商业也开始有了新的发展，但发展的速度不够快，资本的帮助也比较少，更重要的是清廷因为打了败仗，人民丧失了信心。第二个就是清廷的权贵，觉得打仗时他们可以和西方人勾结，能够赚到更多的钱，或者是共同剥削中国这块大地获得收成，所以就把中国的利益整个输送出去，这是一个大问题。国家政权本身是不是爱这块土地？能不能够急起直追？能不能够奋发起来？这就说明维新不成功有深层的理由，就是清廷没有深刻地、真正地去发挥改革的作用。

　　直到后来才有辛亥革命，才有现代中国的诞生，这是中国人作为中国人必须做的事。这是深层的心灵迸发出来的自我解放，来面对西方的恶劣的行为。这并不表示我们在沟通理论上有所改变，我并没有改变沟通理论。这种沟通理论是一种诠释理论，我们了解对方，当然是基于诚意，我相信人能够了解对方也是基于诚意。所以这点我是肯定的，从个人的人性来讲，人可以了解对方；不但能够了解他们，也能够与人为善；不但能够与人为善，也能够共同行善，而且也能够共同达到协力合作，追求共同的善。这样人类的未来才有希望，一个未来的和平的人类、繁荣的人类才有希望。所以这点我还是肯定的。

在这个历史过程当中，中华民族遭受到的痛苦遭遇，代表人性最大的堕落——人们看到好处、利益，就不择手段去达成目标。作为国家主人，自己的主权也跟着受到影响，甚至放弃了自己的主权，这是非常悲惨的。从 19 世纪到 20 世纪上半期社会发展带来了几个后果，第一个就是中国的文化传统被放弃了，人们认为没有用了，所以就去拥抱西方的利益主义，或者向西方学习。当然向西方学习也很有必要，洋务运动就是向西方学习的体现。不过，"让我们能够更好地去建立自己"，这个努力并没有被真正地放弃，这是一个长期发展的过程。所以历史的遭遇，和我开始说的理想的沟通理论其实并不矛盾，只是说人都有这样的缺点，当时的我们还不能够抵挡诱惑。

这也解释了一个问题，就是从 19 世纪到 20 世纪，中国失败之后，在不平等条约之下，连翻身都很难的情况下，人们就放弃了中国文化，不再学习，甚至还改变了教育制度。新的教育制度也未尝不可，但是不再去关怀中国的传统，不再去真正地认识中国悠久的文化传统，尤其是不去认识其中美好的德性、属性。这种属性，使它可以做到西方科技能够做到的一些事情，却不一定需要西方的那种邪心邪念。也就是说，只要你是义理之所在，中国文化可以讲究利益，但讲究的是全民的利益，是社会的利益，是天下的利益。所以"义利之辨"是很重要的。孟子就谈了这个问题，"义"是可以合理去做的事情，做事要合理，而"利"只是小利，就是个人的私利。墨子更加强调这个说法，讲利益最好就是大家都互助起来，所以最后交相利。当然墨子讲"兼相爱，交相利"，他是以"爱"作基础，要求的"利"还是公利。我们能产生一个公利，但是道德的德性是不能放弃的，这是中国文化的根基。在这个根基上面，我们可以学习西方很多长处，但是我们不必只以私利为利，而是要以公利为利，这是中国文化的精华。

但是，在 19 世纪后期到 20 世纪，这个传统被忘记了，就认为中国传统没有意义，没有价值。其实中国传统，跟科学并不冲突，加上也有西方的示范，当然可以开发出新的科学。而且更重要的是中国传统的道德精神，从头到尾都是立国之道。有了这样的基础才可以更好地发展，才能够公平地去对待他人，才能够很稳定地发挥自己，坚定地发挥自己！

深刻发展科技以强国，真诚修养德性以立己

这里我必须说一下，在这样一个过程当中，中国人也警觉到了西方人的这种文化的特征，所以我必须提一下。

严复面对西方，他翻译了几本重要的书，如穆勒的《名学》、赫胥黎的《天演论》、亚当·斯密的《原富》(《国富论》)、孟德斯鸠的《法意》、斯宾塞的《群学肄言》。这实际上是很有必要的。我们要了解西方，了解西方发展的基本原理。西方发展工业革命，走上资本主义，有自己的立国之道。这点我们要去了解，从书面了解，从现实实践了解。后来中国传入了马克思主义，我们又要了解马克思的《资本论》《共产党宣言》。这些都是发展的过程中呈现出来的西方人自己的精神状态，包括从康德到黑格尔的知识论。

我早先提到一种理想的沟通理论，事实上说的就是一种"本体诠释学"。我必须简单说一下，这个理论是建立在中国"易学"的基础上面的。我最早指出来，我们面对着新的情况，我们要发挥我们的能力，其实是在发挥我们的德性，而不是发挥我们的魔性。那么，即使情况或状态不理想，但是用我们的德性来坚持，来共同奋斗，也会得到一个好的成果。这种以德性为目标的理解论，也是我本体诠释学的一个重点。最近华中师大潘德荣教授就专门提到这一点，我特别

高兴。

　　在清代鸦片战争前后，有两个人的想法我觉得要结合起来讨论，一个是魏源，他在《海国图志》里强调"师夷长技以制夷"。他在那时就已经看到了西方的船坚炮利，所以在很早——鸦片战争前后就提出了"师夷长技以制夷"，是说我们要学习西方，它的"长技"是什么？是科学技术。你真的要"师"，就要去做，这就是日本人在明治维新时学习荷兰——"兰学"所做到的。而我们是不是做到了？这值得去考察。因为只有这样去做，我们才能够维护自己的利益，才能够自卫。今天虽然西方很强，但是我们不能放弃自己，对自己要有信心，要尽量去学习西方之所长。这样鼎足而立，就能够达到制衡的作用。

　　另一个是19世纪鸦片战争之后叫作倭仁的理学家，他强调宋明理学，这是很保守主义的。虽然保守，但是他代表传统的宋明理学、心学的一个基本立场。即我们自己要有一种能力来克服私念，永不能够被腐化。我们要能够端正本源，要掌握这个根源来充实自己的发展。我们要察己、慎动，要对细微的东西进行观察，强调朱子所说的"格物致知"，要从知识上的加强开始，来发挥我们的思考能力。我们要"开启物理"，仍然要胸怀人类天下，强调"己所不欲，勿施于人"的道德精神。这样的话我们才有自尊心，才能够受到尊重，才能够心无杂念地去发展自己。这是中国人的长处，这个长处不能代替发展科技，科技也不能代替我们对自我的德性的把握。

这里我想有两个重要的观点，趁这个机会提出来，作为我们对待西方文化的一个基本态度。

"师夷长技以制夷"，当然，在 21 世纪，我们的确看到了科技的重要。我们需要好好地发展科技，真正地发展科技，强势地发展科技，努力地发展科技。有很多理论需要我们把它发展出来，而且把它的"应变"发展出来，有的在道理上又和中国哲学有相近的地方。不管是相对论或者量子论，还是各种数学模型，从客观的理论探讨，都是基于过去的科学知识创造出来的科学理论。我们要掌握这个机制，来发展世界之物，发展对天地之能的认识，这个认识是一个长久的工作。

其实，在中国这个传统已经很早就有，从《周易》就开始了。因为易学主要就是"观天地以知人文"，所谓"观乎天文，以察时变"。"观乎天文"事实上也就是我们观察宇宙的状态，来看这个变化是什么，这是科学，这是一个很深刻的科学。现代科学已经走到所谓整体化的阶段，在技术上面需要整体化的理论作为基础，来普遍地应用在各个方面，包括用在所谓的互联网上面，或者 5G 技术上面，等等。这些技术都是需要长时间大力累积起来产生的，不能只靠用钱去买，而是需要自己创造。

　　那么我们要发展科学技术，就需要一种自我的信心，一种坚定的恒态、恒心，同时也代表了一种德性。"恒"很重要，孔子强调"恒"，"人而无恒，不知其可也"，我们需要这个恒心。但是现在大家都一味地走西方功利主义道路，把中国的东西丢掉。我们自己的本性在某个意义上被污染了，自己走歪了。怎么恢复这个"本性"？就像孟子说的恢复"本心"，要能够坚持"格物致知"，同时加上"致良知"的方法。"致良知"是对道德的认识，是把知识的道德价值展现出来，但是还不能代替"格物致知"。

　　我想现在能不能把魏源的话稍微改一下，就是我们要"发展科技以强国"。强国不是说只是要制夷，因为现在西方也不是"夷"，现代西方代表了一种文明成就，我们必须承认。另外呢，我们必须真诚地"修持德性以立己"。我们要修持我们的德性，因为"无恒其德"是很糟糕的。从19世纪后期，中国人丧失了自己的文化信心，也就是不恒其德，丧失了自我的信念。那么这个是很大的问题，对自己的本性已经有所亏欠，不能够群策群力去发展文化的优势，来面对一个现代化的世界、一个全球化的世界、一个世界化的天下。

　　所以，我们的基本态度应该是"深刻发展科技以强国，真诚修持德性以立己"。那么哪个是体，哪个是用？我讲体用，可以说都是体，也都是用。它们都是在人的真诚的存在、人和天地一体的存在的基础上面建立起来的。天生人，需要人做一个真诚的人，做一个有能力的人，做一个彼此尊重的人。人能够建立社会，建立国家。同时，也期待一个善的社会、善的国家，来达到一个善的目标。这样的话，人的存在才能够保证。所谓善，就在于他的行为不伤害自己，不伤害他人；而是互惠他人，互惠自己。最后，能够为天地立己，就是张载所说的"为天地立心"。这个"心"就这个意义上讲，代表着一种终极的理想、一种价值、一种追求理想价值存在的活动。

在这个意义上讲，过去讲的"中体西用""西体中用"都不完全。什么叫作"中体西用"，并没有界定好。"中体"当然是说中国文化的一切，怎么"用"呢？这个"用"就很难说，你不能把中国的文化当作科技来用。那同样的"西体中用"，西方的体怎么来用中国的东西呢？它的制度文化不一样。对中国人来说，中国人强调孝道，强调忠恕精神、仁爱精神。西方强调的是宗教，中国强调的是伦理道德，这中间都有一些差别。所以本、体、用应该是三个层次，"本"就是一个根源，这个根源是超越的还是内在的，这是一个哲学问题。我的态度是它超越而内在，内在而超越，就好像周敦颐说的一句话"无极而太极，太极而无极"。所以简单来说的话，如说中体西用、西体中用，还不如说是中西互为体用更好。

今天我们讲的面对西方，是一个重要的课题。面对西方，事实上也是面对这个世界，也是面对自我。那我们要做到这一点，就必须深刻地发展科技以强国，必须真诚地修持德性以立己。要有恒心，不能够三心二意，不能够见异思迁，不能够见利忘义，这是很重要的。从古老的过去到今天，应该说这是能够维护这个国家、这个族群的精神之所在。但这个精神已经受到很大的挫伤了，很多人已经忘记这一点了，这就是一个危机。由于中国一百多年来的挫伤，一部分人变得很狡猾，变得很贪婪，没有一种制约，没有一种自我收敛、自我节制。这就是一个大问题，其实也是人类的问题。

我们希望中国人的德性是在这里。只有中国人坚持这个德性，才能够影响世界。因为最后，大家都能够发展科技，中国可以做出最好的科技，美国也可以做出它的最好的科技，在这一点上就可以合作。中国如果早点发展，也许就可以不必受制于美国，就能够更好地采取合作的态度。动机是好的，出发点是好的，目标是好的，大家又何乐而不为？有什么必要钳制对方？这是一个重点，人有德性就不需要这样做，有伦理就不屑这样做。所以今天我想面对西方，面对自己，面对世界，我们必须深思这两个问题。这就是我的基本的哲学精神，知识和道德统一就在这个地方。

本讲小结

总结来说，我今天讲的是从一般性的文化沟通理论来说明文化理解是一个和谐化的过程，并没有冲突。所谓的"文明冲突"来自文化中个人的或者某种集体的异化，就是欲望上的一种异化。为了贪图利益，为了主宰他人，在利益和权力方面无限地贪多。这是历史上的现象，但是人不应该只是历史的动物，人是哲学的动物，应该思考怎么来改善历史，超越历史，为人类的未来带来希望。这是我说的第一部分。

第二部分就是说明 17、18 世纪宗教的一个分野，说明西方文化是宗教性的；中国文化是非宗教性的，不是说要死守陈规，它是开放性的。从这个意义上讲，中国人一般有这种开放多元的思考是对的，但是在这种思考之中不能忘记本根。过去把这个本根忘掉了，没有历史感，没有文化感，没有自己的哲学精神、道德精神，就很危险，就变成了一种小人主义、一种现实的利益主义。这是不好的！我们讲 17、18 世纪的"礼仪之争"就有很多问题还可以探讨，目前这种状况也还是存在的。

关于 19 世纪西方的侵略，基于资本主义的发展，就特别需要去检讨。纯粹是因为工业革命产生的后果，要人不能与人为善，而成为另外一种态度了，把人当作手段而不当作目的。这里康德说得很清楚，可偏偏就是 19 世纪，西方人从英国开始，从两次鸦片战争，到"一战"，到"二战"，基于利益的分配问题，都不能用一个公平的原则、正义的原则来对待中国人。中国人自己的领土自己都收不回，不受到尊重，这难道有道理吗？这是第二部分。

关于沟通，在一种强势的力量之下也会受到歪曲，会走向一种手段。哈贝马斯谈到 knowledge 和 interests，假如只有一个 knowledge，没有 interests，就比较理想了。knowledge 和 interest，假如我们有一个 value 的概念、一个道德的概念，也可以来约束我们的欲念，能够更好地去发展一个人类共享的绿色经济、生态经济。这是我们需要的。

然后我再谈到中国人民对西方的警觉实际上是有的，严复的贡献不能忘记。但是我们怎么对西方这些经典进行一个所谓的了解、诠释，包括对后来马克思主义著作的诠释，仍然是一个重要的课题。所以这是我们要做的事情。这是第三部分。

在第四部分我谈到两个重点，结合起来作为一般性的交流，尤其是中国跟西方交流的态度。一个是回答如何面对西方，那就是魏源的精神，把它发展成为深刻的发展科技以强国的思想；另一个是倭仁从宋明理学的角度，强调修养，不要为私欲所控制，那就是需要真诚地修养德性以立己。这个世界需要一个德性的世界，需要德性维护本身的纯净和价值。这就是我说的一个基本上的认知。

最后我再总结一下，回顾过去"中西体用之争"，我们也进行了一个新的梳理。我想最重要的就是我们没有只是固定的一个体或者固定的一个用，而是要从本的基础上面掌握体用之间的关系，互为体用，来达到一个人类与时俱进的、文化共享的美好世界。

好了，今天我讲到这里为止，谢谢大家。

结论

第一讲是"国学与人生"。我做了一个界定，所谓国学就是中国的学问。中国的学问就是中国人的一种智慧表达，其主要内容包含经史子集。同时，国学要和两样东西对照，一个是和西学对照，另一个是和汉学及文史哲对照。最后，我认为中国的国学还有两个层次：一个是文本性的东西，让我们去读的；另一个是根本性的东西，要我们自己体验的。

"经"是经过深思、考察所产生的对人生透彻的认识。不要以为中国的经典是脱离思考的，其实它是以一种深刻的思考作为基础的。"史"就是所谓的历史。我们说历史有两种，一种是实际的历史，一种是书写的历史。一般而言，我们说的历史指后者，比如二十四史，表达了人对史的描述，这是真正意义的史。"子"是"文"的一部分，能称为"子"的是很受尊重的人。诸子百家相当于每个人都有自成一家之说的学问，最主要的是他有一种生命的思考。"集"指文集，"文"有狭义和广义之分。刚才我讲的是广义的文，所谓文质彬彬就是一种文明的状态。但是这个"文"要把它变成一种语言，变成一种合适的表达方式，来叙述人的内在的感动，来表达某种情感，那就是文学，就是狭义的"文"。比如《楚辞》《唐诗三百首》就是文学。所以，这个"集"就是允许每个人都能够表达自己，最后形成个人化的文本。

总之，经史子集是我们国学的重要部分。但是，我一再强调这只是文本层面，文本的背后还有实质。我们今天追寻国学，从人生观上要找到实质，加上相应的文本，把实质和文本结合在一起来学习、体悟。国学成长于中国文化，是中华民族的生命体验、生活感受、思维和智慧。所以，国学和中国文化的传统内涵有内在关联，我不认为在经史子集之外还有什么独特的国学。但是进而言之，此处国学的意义还要广，我也深信国学还包含最开放的心。这说明它从最早的易学体系展开成为儒家、道家乃至及诸子百家，其精神就在于融会贯通，形成一种生活的智慧和生命的活力。国学也在中国人生活之中，是一个吸收—反馈—自动创新的过程。它本来是一种最原始最根本的生活经验，逐渐积淀成为更为自觉的价值与目标，再经过新的生活经验，一代一代的功夫积淀，一代一代的更新、创新，形成一种庞大的体系。它是开放的多元统一的有机整体，而且它有向内的凝聚力量与向外的扩张力量。这是我们中国国学的标志。

所谓西学就是西方的学问，而不是中国的学问。但是，作为人的学问来讲，西方的学问也是"人的学问"。西学包括宗教、政治、科技、经济、军事等方面，基本涵盖了整个西方文化。近一百年来西方文明取得了压倒性胜利，我们如何面对西方，西学如何中国化，这是一个大课题，我在第七讲已经作为一个专题讲了。近代是比较复杂的一个过程，所谓西学的确塑造了现代世界。西方国家经过所谓文艺复兴，到宗教改革，然后再到启蒙运动、工业革命，走上科学发展的道路，率先进入了现代化，实现了文明的新生，成为世界强国。其实它们也受了中国文化的影响，吸收了东方文明的智慧。前面讲过，我曾经专门写了一篇文章研究西方启蒙运动。从哲学来讲，英国的洛克、德国的康德，甚至比洛克稍晚一点的休谟也受了中国哲学的启蒙。我觉得当初影响他们最大的就是孔子。《中国哲学家孔子》是一本拉丁文的著作，影响了很多人，包括莱布尼茨。17 世纪，中国文明程度很高，那时的西方传教士把中国文化传到了欧洲。像洛克讲"人的存在的一种本质"，用到 power 这个词，power 是人的一种力量，让我说是权利或者是权力。这两个词很重要，这个力量可以是权利，也可以是权力。你把它看作权力，那就是要理性地说明这至上的存在是一种权力，是一种 power。在我看来，康德的三大批判，所谓理性批判、实践批判、判断力批判，基本的认识就在于认识到理跟气的关系。这是我对它们的解释，因为我主张不单单拿西方来解释中国，为了文明沟通，我们可以中西互释，互释之后才能够互鉴。

前面讲过，汉学是西方人了解中国的一个学问。因为古代交通不便，他们了解中国学问只能翻译中国的经典，研究文本。简言之，汉学就是以经典文本为主的一偏之学吧，不能够等同于中国的国学。

中国哲学起源于观察事件、反思自我这两点。我当初说"为什么伏羲文化很重要呢"？因为，在伏羲时代人们能够以养羊为生，有很多的时间去开辟土地，发展农业。在这个过程当中，上观天文，下观地理，就是和整个自然结合。这样就慢慢了解到天地这个存在的一体性。与哲学有关的最重要的学问就是历史，文史哲这三方面是同等的重要。虽然我学哲学，但绝不轻视历史。因为我要了解西方，特别是关于西方文明和哲学，和中国哲学到底有什么相关。同样，我也思考它的问题所在，我们可以给它什么好处。这样的话，能够逐渐了解人类的所谓共生性、相互沟通的发展。所以，我研究中国哲学，其实在观照西方哲学；我也研究西方哲学，但更重视中国哲学的再创造。

所以，我也强调国学是开放的，是灵活的，是有生命的。因为它背后有个生命的真实。国学不只是文本，它还是个动态的存在，把构成经典的那种力量发展出来产生一个新的传统。但是我们缺少传承，缺少传承就缺少创新。国学并不排除真理的学问，假如我们只是讲西学那就不够了。其实，国学可以包含西学。同样，讲人生难道不包含其他人的人生吗？我们要认识到国学这个载体所显示出来的一个真实的人生实践。我们从自己的本身的意志去初步地体验、观察，人的生活不应该是自私的，而是要开放的，追求一个全部人类所能够共同享有的价值世界。所以"国学与人生"是一个世界的学问，是人类整体生命的学问，是世界共和的学问。你掌握中国的国学作为人类发展的一个机制，这个功德是很大的。今天我们鼓励大家正视中国的哲学，正视中国的历史，尊重中国的人文，形成一种多元的人文主义。

第二讲我们讨论了学习国学的方法、路径等。《中庸》列举了"博学，审问，慎思，明辨，笃行"五个方法步骤，学是一部分，还要思考，发问，辨别是非、善恶、利害。所谓"义利之辨"，就是要发挥自己的知识力、判断力、创造力，然后要身体力行，自我实现做出榜样，这都是学国学必须强调的。

"六经""四书"代表了儒家的经典。"六经"是孔子对历史的学习、对过去哲学思考的认识，然后自己也创作一套东西出来。他基本是自我学习，自我观察，自我体会，把古代学习的东西学习进来，然后自己再讲学，把它们概念化、语言化、文字化。为什么这些书能成为经典？经过一代一代中国人的观察，经过众多弟子的学习，大家自然认识到它们的价值所在。所以，那些文本就称为经典，不是所有的文本都能称为经典。经典文化是一个长期发展的过程。从《论语》到

《大学》《中庸》是一个发展，然后到《孟子》。但从历史发展来看，《论语》《大学》《中庸》《孟子》，这里有次第的问题。学国学，我们要把很多层次分开。"四书"的发展可以有共同的起点，有不同的层面。用现在的话来讲，比如说《论语》，它接近一种全面的生命哲学，一种生命伦理学、生活伦理学；《大学》接近一种政治哲学，一种具有大同世界眼光的政治哲学，也是一种人格的修养哲学；那么《中庸》呢，具有天道的认知、人性的确定，即所谓"天命之谓性"。

国学包不包括道家和佛家呢？从历史的原点来看，应强调原始经典是经书，它们有价值标准的指导意义在。但从历史发展的角度来看，不管在政治上还是在个人生活当中，关于人生有不同的见解，既有道家，也有其他的诸子百家，以及后来引进的佛家。按照易学视角的理解，国学应是开放的，因为世界是变动不居的。它显示出了活力的普遍性，是生生不已。这也要从经验上去了解。

第三讲我们讨论中国人有没有信仰。当然，中国人有信仰。中国人的信仰建立在知识和道德的基础上。我曾经分析过这个问题，分成有知识的信仰和非知识的信仰，二者各有其所长。但我们强调的是"知"，强调道德，要把信仰建立在知识和道德的理性基础上。这就可以说从"六经"到"四书"，从"四书"到"三教"，再到"三教合一"，国学可以这样推而广之。

信仰有三个部分：知的部分、信的部分和行的部分，这三方面就构成信仰的内涵。通过"知"产生信，信的目标也是为了求知。信是心理上的一种需要，这就是信仰的来源。行为什么重要呢？因为我们信仰的是把它作为一个目标来追求，转换成为生命的价值，中国人很早就认识到这一点。从伏羲观天察地开始我们就已经有了天地生命的信仰。这是什么信仰呢？质言之是生命的信仰，"天地之大德曰生"，生命秉承天地的德性而来，再一代代地传下去。在这种情况下，对生命的信仰又包含着"家的信仰"。因为生命要延续下去，所以中国人重视家庭。中国人很早就产生了天人合一的信仰。这是我们的信仰的最根源的所在，在这个意义上中国人是有信仰的，即使是在一个普遍无信仰的时代。

进一步而言，中国人的信仰与价值观是一个整体，包括从宇宙论、生命观、知识论、伦理观到各种行为法则、规则，甚至于中国的政治。所以，它的宗教性是一种教化，就是"修道之谓教"。现在的问题是，我们常常用西方的字眼来代替中国的字眼，把"宗教"作为标准。因为西方是强势的现代国家，中国在18世纪以后走入弱势，所以什么都以西方为主。一些中国学者就把这个宗教只看作西方人的宗教，把Religion这个词翻译成宗教。西方是拿犹太教、天主教、基督教以及后来的伊斯兰教作为规定，来说西方有宗教，而中国没有这个宗教概念。中国没有西方式的一神独尊的宗教，并不代表没有自己的"宗教"。简言之，中国的宗教是一套宇宙论，而西方的宗教是一套上帝论。这样区分可以看出中西宗教观的不同。西方的宗教是信仰唯一超越的上帝，可信不可知，或者说先要信才能够有所知。这和中国说的宇宙观不一样：它是一个大自然的生命存在，我们可以体验到的；它不是超越的，无所谓超越，也无所谓非超越；它在我们心中，同时也在世界整体之中，世界和我是整体的关联。不管儒家讲天地万物与我为一体，或者是道家讲的所谓道和万物并存，都是说明人、生命和宇宙有密切的联系，并不存在一个造物主。用中国的话来说，宇宙有一个自然创化之道，有生命力，有创造性，包含各种不同的生命。中国讲的是内在的而非外在的存在，西方讲的是外在的而并非内在的存在。说得更精确一点，西方强调的是外在的超越主义，尽管后来基督教也强调所谓上帝在我心中。所以，中国宗教和西方宗教不一样。中国宗教是一个所谓生命的宗教，是一个具有创造性的宗教。

罗素讲"我为什么不信基督教"，因为他就是一个自然主义者。所以在这种情况之下，这个信仰的问题，事实上就是一个价值问题。中国的价值观和西方的价值观，哪一个更深刻？我要说中国的更深刻，但是需要我们长期地去发挥，才能坚持它的深刻性。人们往往不加反省，自动丧失自己的信仰，也就丧失了自己的价值。很多人就是没有这个信仰，不认同是中国人，什么是中国人也不知道，这是一个很大的问题。所以我们要面对，不仅是要重建，而且是要把它挖掘出来，把它整合出来。我们就是这个信仰的主人，我们就是这个信仰的主体，我们对这个信仰有重要的责任。因为它代表中华民族在宇宙中经过艰苦奋斗逐渐产生的一种关乎整个人类存在的价值。这一点我想非常重要，这也涉及其他各种生命的价值观，包括道德观、知识观、政治观，甚至医疗观，比如说对中医、中药的看法，这些都是我们的信仰所在。我们要思考，这么博大深刻的信仰怎么把它发扬出来？

我们再回顾一下，国学这个体系是一个天地系统，具有对外在的支持、对天地的支持、对人生的支持，对人的行为的了解、对行为规范的了解、对价值的了解、对真善美的了解。当然天人都会有一些好的东西，就像《孟子》里说人生来就有四端，天地对我们应该是不薄的，它给了你原始的养料，你就需要使它成为一种发展的力量。总之，学习国学是要发展成为一种价值体系、一套思维方式。这个思维方式可以说是多头并进、主客相应、知行合一的。在儒家来说就是所谓修身，修身就是为了成为一种有价值的人格。

关于什么是国学，我在第一讲已经讲了，国学有自己的基本传统。但是，国学基本上可以看作中国现代意义的哲学体系、思想体系、学术体系。这不只是借用西方学术的概念，因为中国早就用这个"哲"字，就是能够反思问题，不断从"哲"反馈而形成活性的动态体系。它不只是抽象的，而更多称为一种具体的生活信念和感受。例如，中国人能够明确地感受到什么是善什么是恶。很多人感受到不想说出来或不能说出来，或因为有所谓荒淫的心态、不愿意自持的原因、贪图的原因，而忘却善恶真理何在。同时，中国的学问也在于明辨美丑善恶是非。实际上是中国人有种十全的感受，往往有时按照种种自私的理由都把它表现出来。古代中国人比较直爽，现代中国人由于受到西方价值观的影响，只从利益出发，把自己有关道义的认识掩盖起来，故意忘却了，或者因为种种制度原因，变得非常隐秘。但是我认为从大原则来讲，从大众来讲，从中国家庭的发展来讲，直觉的善恶美丑是非是存在的。古人中表达这个观点的就是王阳明了，他认为人类有良知，可以致良知。这是一个古老的传统，从孔子、孟子一直到朱子、王阳明。朱子侧重讲道理，王阳明侧重讲良知，但都是直觉的推理、直觉的认知、直觉的感受、直觉的判断、直觉的行为。

从这一点讲，中国人有天生的信仰，在生活价值、生命价值、道德价值方面都有内在的标准，其文化是逐渐发展出来的。这是我在第三讲强调的。我在第二讲强调观察生活状态，观察群体中的一些事物，观察他人，从人和人交往的经验中认识，经过思考，而得出自我的结论。本来这个道德价值是内在的，只能逐渐地从外在刺激到内在成型，发展成为具体的认知和判断，这是一个教育过程。所以传承国学在人生一开始就有了，所谓胎教，所谓小学教育，所谓从洒扫应对开始。即使文字还没有学好，但学习的价值观已经有了。学生进入文字启蒙以后，为学圣贤的人格可以先了解经典和文字。中国是一个具有东方价值经典传承的国度，我们的"六经""四书"是一代一代传下来的。虽然文字古奥，经文确实很难读，但是做文字训诂的大有人在。像我们时刻去观察关注学习国学，从小到大是一个过程，需要受到社会的鼓励、国家制度的鼓励，配合现代的教育。现在基本上是公立教育、方法教育，在这个教育过程中，我们不排除人生的价值教育、目标教育、人格教育，而以经典来指导不是不可能的。不过，现今国学的传习却存在断层。《论语》说"学而时习之，不亦说乎？有朋自远方来，不亦乐乎？人不知而不愠，不亦君子乎？"，这三句话代表我们对生活的观察所形成的基本态度。学习就是快乐，要认识到学习的快乐性。朋友就是讲习的对象，朋友带来学问见识，我们通过朋友可以开拓自己的见识，扩大眼界。"人不知而不愠，不亦君子乎"，说明学习是自我充实的，学习本身是充实的。不一定现在就让人知道，知不知道其实不重要，在于我能不能用它，学习的目标不再为人所知。不在于你是不是一个大师，而是你有没有真的学问、高贵的品质。学习国学的目标在于成为君子，能够感化他人大众、影响社群，那就是圣贤了。要学习圣贤达到完美的人格境界，与天地相侔，当然这是一个理想，也是人生追求的境界。

一个现代化的国学应该把国学的智慧综合起来，集中应用在社会生活当中。因此在第四讲、第五讲，我特别提出伦理与管理这两个最重要的国学层面。伦理起源于生命，实践伦理就是为了实践"人之所以为人"的理念，成君子，成圣贤。在中国古代，伦理还表现为"礼"的观念与五伦关系，结合起来成为一个族群，从而建立起一套家国制度。但伦理不只是关系，对"人之所以为人"的认知也是我说的伦理，这是需要去实践的。事实上，伦理代表了天地人合一的持续的体验和经验，所以它成为人的一部分。这是我对伦理来源的最根本的认识，这非常重要。

实践伦理的思想不仅儒家有，道家佛家也都有。道家讲无为就是对自然生态的尊重，佛家追求众生平等的世界，这些都是所谓中国实践伦理的内涵。我们从学国学，读经典，到信仰的重建，再到社会的实践，都是伦理的实践。但这个实践不反对科学，而且要把科学的认知作为知识和实践的一部分。西方人更擅长对物理和真理的探索，在此意义上中西伦理要互鉴，重建一种全球伦理，我称之为整体人类伦理学。我曾经说假如我们都是伦理的人，那我们就不会欺骗他人，我们就会建立一个"互信网"的世界、一个荣辱与共的生命整体的伦理共同体。

　　关于中国的管理我名之为中国管理哲学。首先，我从做人和做事说起，讲了管理的两个范围，然后讲了中西方管理的差别，第四部分谈了中国管理的模型，最后是人类未来的管理。中国人的管理智慧涉及面很广，涉及心、脑、手，认识到外在世界的一些机制。管理就是要把事情理顺，要呈现一种组织的秩序，这个叫理。那怎么叫"管"呢？管字本义是一种吹奏的乐器，它的声音、节奏能令人产生和谐一致的感受。中国的管理跟西方的管理不一样，中国是用心而不是用手来了解管理的作用。从黄帝时代到尧舜时代，中国人都通过德性来实现建国的目标，来实现美好的和乐社会，人人都有较高的幸福感。它有这样一个实现的过程，有内在的体验。这里面也有一种管理的思想，从一个家庭发展到社群，发展到社会，发展到国家，甚至于发展到天下，逐步形成一种管理体系。就像儒家经典《大学》所说的"修齐治平"。因为每个时代的情况不同，我们怎么把诠释出来的现代管理的理念变成我们要做的工作？所以我说的中国管理哲学也是把我们的经验合成为一个具有理想价值和逻辑结构的体系。

　　中国管理的出发点是伦理，是以个人的德性来建立自我的管理，从自我管理来发展成为他人的管理，自己要以身作则才能达到一种权力管理的目标。而这个权力管理的目标通向人类社会共同体、福利的共同体、和谐的共同体。所以它最后是有大同世界、天下为公的理想的。这在《礼记》里论说得非常明确。西方管理偏向于规章制度，偏向于从经验上掌握一些客观的规律，来实现管理的机制，达到管理的目标。它的主要目标是要实现更多的经济利益，体现了西方资本主义精神。

现在中国进入一个现代社会。经济发展是社会发展的基本保障，财富金融可以帮助我们改善医疗条件，改善交通，改善环境，促进人类的集体和谐，等等。我们强调管理就是如何善用物质财富和慎用公共权力与私人权利。企业家强调怎么对他的企业进行有效的保障和开拓，而国家作为公共管理者则强调它的目标是人民。企业是整个社会重要的一部分，也有一种为人民谋福利的责任。所以如何管理，如何有效地发展，能够避免贪污、贪婪、浪费资源，它的重要性可想而知。而我的管理哲学则称之为 C 理论，强调个人德性的发展，强调自信的运用。从领导力到合作力、竞争力、生产力、改进力、沟通力、协调力、整合力、超越力、落实力等各方面实现管理的效力。所以 C 理论强调的是中国文化中智慧的应用，事实上就是国学的应用。我提出这样的管理，综合了道、法、兵、墨、儒五家精华，具有一个五行的内在脉络，加上易的整体化和禅的终极化，这就不但可以用到企业管理、国家管理，还可以推广到对世界的管理。为了进行更专业的讨论，还可以参考我去年出的一本书。这些在我的书里面谈得更详细，大家可以进行参考。

　　关于人类未来管理，我想说两点。首先不应该是无人化的管理。因为人类管理的重要性就在于它具有人的情、人的理、人的智慧，是从内发展出来的，而不是从机器的、机械的规则来实现的。我们发明机器人就是帮助我们做好不能做的事情，但并不表示它能够代替我们做一切事情。现在讲人工智能，往往是把它无限扩大，成为一个超越人类的生命体。假如它超越人类智慧，那么有两个危险，假如它成为一个有自主能力的机器，为什么要人类呢？换言之，它也会把人类变成它的工具、它的奴隶，这就产生一个很大的矛盾。假如你不把它变成高度智能化的机器人，它只是一个工具，但是它有很大的能力，那我们怎么控制它？这也是一个大的问题。我们希望人类永远能够掌握自己的命运，而不是把未来交给一个超智能的机器人。这是我觉得需要强调的——未来管理还在管理自己。从国学角度而言，现代人还是需要做到天人合一、道器合一。

　　第六讲、第七讲这两讲是综合前面五讲来谈中国国学的与时俱进的问题，就是国学的现代化。现代化是有多种含义的，从哲学的眼光来看，现代化追求的是一种生活方式。现代化事实上成为解决现代问题的基础，国学具有前瞻性，能够帮助我们制定更好的发展战略，作为政治、经济、文化、企业等发展的基础。往往国学的任务不在于直接，而在于间接地打动人，获得支持，让人自觉地参与。这点我觉得很重

要。文明往往是制度的发展，但是中国的国学强调制度之外
人格的发展、人的品质的提升。这就是我强调的现代化的问
题，现代化不能只发生在个人，而要使它成为群体，强调它
的世界性的传播。个人的传统可以传承，但是一个全体的传
统需要世界的传播，来达到整体化的目标，解决文明冲突中
的各种问题。我深信中国文化、中国国学能为整个人类带来
和平繁荣。这点必须从中国人自己做起，因为只有中国人更
好地掌握自己，才能在生活当中用现代的语言把它发挥出
去，达到世界化的目标。

现代化的国学是一种整体的学问，是一种心灵自由的学
问。现代人注重经济，追求财富，赚钱变成生活的重心，所
以物质生活可以过得很优越。但是这样一来，人就变成赚钱
的工具，丧失生命的自由，当然身体和精神就会出问题。在
某种意义上讲，现代化是一种精神能量和精神价值，是人的
整体生命所需要的，体现在人的自然自由的感情之中。所以
它的存在是美的、是善的、是真的，是三者合一的和谐。我
们要追求的就是那种生命的美感，生命的美感又离不开我们
生命本身那种潜在的善性。所谓"善"就是一种让自己能够得
到的充实感。它又代表我们对世界的认识，一种不隔离的状
态。所以这种现代化的价值追求，就是你一天不去面对这个
世界，一天跟自然脱离关系，一天不关心人群，一天不反省
自己，就觉得已经不现代了，这就是我的感觉。

现在，我要提出一个批评。对国学传承和传播，近代没有做任何工作，没有推动中国学术国际化，没有启蒙世界。我们很被动，甚至连自己原来的文化都丧失掉了。凡是西方说的东西都是好的，对中国学术不置一顾，我觉得这是一种精神上的病态。所以，我们现在就要积极一点，找寻我们在全球的定位。因为我们当今在国际上遭受的歧视正是外国人不了解中国的后果。外国人不了解中国文化，不了解国学的本质。了解并不是说非要完全接受，至少发现对他们是一个资源，甚至能够滋养他们的生命，如中医、太极拳等。这是要我们去做的，我们并没有做好，反而是西方人做得比较多。对国学的现代化和世界传播，我们要有所突破。这对中国人很重要，对西方人也一样重要。首先我们自己要激活国学，把它变成我们生命的一部分。其次中国学术要国际化，让西方了解我们的文明会对人类社会的进步和谐有好处。

我们也不能忽视世界上丰富的文明的发展。中国之外世界有四大文明体系——希腊、犹太、两河流域、印度。这些传统有它们自己的价值，有它们自己的特色，有的是有很西方化的内涵。我们尊重这些文化，尊重这些内涵，我们也要欣赏和了解它们的特色。通过佛教的传播，我们曾与印度进行过很多交流，对其有了深刻的了解。但是，现在的印度早已经不是佛教国家，而是现代国家了。古希腊文化的传统尤其值得我们去参考，去思考。近代中国受到西方的冲击，特别是工业革命以后，西方人为了达到他们自私的发展，到中国来传教、谋商。由于中国不尽了解西方，结果往往就是冲突矛盾。尤其在商务这一块儿中国被迫开放门户，鸦片战争导致中国丧权辱国，赔款割地。大清王朝把中国传统文化的威力不但没有发挥出来，而且只让人看到它的漏洞、弊端。这是什么原因？原因在于清朝没有好好地在国学领域进行全面的发展。当然，此处的国学概念跟我们以前说的有点差别，清朝时期中国在高度发展训诂考证之学。但是，训诂考证在当时西方工业革命积极向外扩张的时候没有施展它文化的影响力，反而造成一种闭塞，让中国文化的活力丧失殆尽。知识分子没有面对现状、面对未来的心态，一切都是往后看，把自己投入历史档案之中。这点也说明了中国近代遭受到西方侵略的一个主观背景。

在鸦片战争之后中国也想强大，但是一直没有找准方向，国学逐渐丧失了积极性和活力，被认为只是"死书"。甚至于在五四时期，儒家也被看成吃人的礼教。这样一来，中国人自己的立身之道、自己的精神没有了，中国人的identity——身份也没有了，在世界上更加得不到尊重。中国的文化历史，因为现代中国的闭塞，也被投入在浓雾之中。中国新一代人就更不能了解自己的传统，这是很不幸的。

中国通过革命战争进入现代，在经济、军事、政治、国际关系这些方面有很大的成就。但文化这一块儿还是一个空白，今天到了一个重要关头，我们的文化身份、我们的终极目标、我们的理想价值是什么？怎么和西方去对比，去进行评价，这是国学最需要思考的。我们必须发展自己的哲学、科学，增加我们的文化自信。同时还要有一种判断能力，不要盲目崇洋媚外。中国好的东西要发挥出来，甚至要与外人分享。我想这就是所谓面对西方的态度。我们要真诚地去了解西方，但是也大力地发展我们自己。我们要学习西方的长处，同时不能忽视我们的短处，尤其在"人之所以成人"上要排除贪婪、懒惰这样的陋习，排除无知的心态。我们对过去要有所知，对源头要有所知，但也要面对未来，掌握现代。我们要感激现在使我们能够更好地去传习我们文化的价值，也把它投向人类的未来，为人类提供一个美好光辉的前景。

再总结来说，我前面讲的是一般性的文化沟通理论，来说明文化理解是一个和谐化的过程。所谓"文明冲突"来自文化中个人或者某种集体的异化。这是历史上的一个现象，但是人不应该只是历史的动物，人还是哲学的动物。应该思考怎么来改善历史，超越历史，为人类的未来带来希望。我早先提到一种理想的沟通理论，事实上是一种"本体诠释学"，这个理论建筑在"易学"基础上。我们面对新情况要发挥一种德性而不是魔性，即使情况或状态不理想，但是用德性来坚持奋斗也会获得好的成果。这种以德性为目标的理解论，也是我本体诠释学的一个重点。

今天我们讲的面对西方，事实上也是面对这个世界，也是面对自我。要做到这一点就必须深刻地发展科技以强国，要真诚地修持自己的德性以立己。两者结合起来作为一种交流的态度，尤其是对中国跟西方的交流。回答如何面对西方的问题，那就是魏源的精神——发展科技以强国；另外就是倭仁从宋明理学的角度强调修养，不要为私欲所控制，那就是修养德性以立己。人类需要一个德性的世界，需要德性维护自身的纯净和价值。所谓的世界化、全球化也是在这个基础上的，人们通过理解的方式交流对话，达到一种共同的善，实现所谓天下一家、世界大同。这样既能够减少个人的灾难，也可以增加全球人类的幸福指数。所以我们面对西方文化或者西方人面对中国文化都应该有这样的一种态度，这是一种文化沟通伦理。

过去讲的"中体西用"或"西体中用"都不全面。事实上，没有一个固定的体和用，而是以"本"为基础掌握体、用二者的关系。"中体"当然是说中国文化，怎么"用"呢？同样，"西体中用"，西方的体怎么来用中国的东西呢？中国人强调孝道，西方人强调宗教，制度文化不一样，所以这个本、体、用应该是三个层次。"本"就是一个根源，这个根源是超越的还是内在的，这是一个哲学问题。我认为它是"超越而内在，内在而超越"。简言之，关于中体西用或西体中用，我主张中西互为体用。这样人类才能享有一个与时俱进、文明共享的美好未来。

　　最后，回望讲学缘起，本来要开设贯通中西文化的国学班，因为疫情而改成了网课。但是我们要勿忘初心，我对现代新国学的态度就是"深刻发展科技以强国，真诚修养德性以利己"。希望青年学子们继往开来，不负此生！

附　录

一、成中英学术年表[①]

1935 年，11 月 8 日(农历九月二十九日)。

诞生于南京一书香之家，祖籍湖北。尊翁成惕轩先生，母徐文淑女士。成氏家学渊源深厚。父成惕轩先生，名汝器，字康庐，号楚望。祖父成炳南，耕读传家，尝亲授成惕轩以"四书五经"大义(故楚望先生诗《弧矢吟》之二有云："鲤对肖中庭，助我以书射")，又榜其门曰："知行合一王巡抚，优乐相关范秀才"，期以远大。无独有偶，成惕轩为人父后也有诗句训勉其子，如《示英杰二儿》："屠鲸故事儿须记，射虎他年汝定能"(成中英，哈佛大学哲学博士，哲学家，新儒家代表人物；成中杰，哈佛大学天文学博士，美国海军实验室太空研究所顾问)。先生以作育英才为乐，历任正阳法学院、文化学院、政治大学、师范大学等校教职，裁成者甚众。又著述亦极勤，《楚望楼骈体文》内篇四卷，外篇

① 此稿由樊兵策先生整理。

不分卷，与续编合计收入二一五篇，由弟子张仁青、陈弘治、李周龙、庄雅州、林茂雄、陈庆煌合注。《楚望楼诗》收诗词一千二百首。此外尚有《汲古新议》及续集，《考铨丛论》及续集，《考铨丛论》《骈文选注》《藏山阁诗》《楚望楼联语》《尚书与古代政治》等。

1936 年，一周岁。

与父母居南京。

1937 年，二周岁。

在南京。卢沟桥事变，全面抗战爆发。

1938 年，三周岁。

国都沦陷。与父母亲乘船沿长江到陪都重庆，暂居江北，后搬到北碚蔡家场，又迁洪家塝、李子坝等处。弟弟成中杰出生。

1939 年，四周岁。

母亲在家里教写中文。记得观看宅第门外高大的桂花树；记得日军的轰炸；还记得与父母一起参观北碚区的一家孤儿院。

1940 年，五周岁。

在岐山庙边的临时小学读书，途经田埂与坟冢。

1941 年，六周岁。

在临时小学。记得在树林里碰到飘浮的磷火，在田坎儿上碰到飞跃的赤链蛇。

1942 年，七周岁。

继续在当地学校上学。二年级开始写大字描红，同时在父亲的指导下开始读诵经典诗文。

1943 年，八周岁。

搬进重庆市区，居住在李子坝。进李子坝国民小学三年级就读。

1944 年，九周岁。

在李子坝国民小学四年级就读。

1945 年，十周岁。

在李子坝国民小学五年级就读。儿童节，父亲成惕轩曾作诗，示英杰二儿："愧无智略平天下，便拟从容学仲生。负弩偏难胜剧战，挥毫只合颂中兴。屠鲸故事儿须记，射虎他年汝定能。佳节未妨开笑口，漫天云雨看腾龙。"英，即成中英。杰，成中杰。是年日本投降，抗战胜利。

1946 年，十一周岁。

作《还都记》，发表于南京《中央日报》儿童版。此年 6 月与家人乘船沿长江返回首都，写下了途中的印象和感受。之后进国立社会教育学院附属中学就读，该校后来改名为南京市第六中学。

1947 年，十二周岁。

在南京市第六中学就读。

1948 年，十三周岁。

继续在南京第六中学就读。秋，与家人南迁，经浙江金华小住近半年，由一位浙江大学的大学生教英语，以英文版《天方夜谭》为教材。

1949 年，十四周岁。

春，与家人迁广西梧州。由于内战，12 月再与父亲乘飞机播迁台北。

1950 年，十五周岁。

读高中一年级。母亲与弟、妹自大陆赴台，阖家团圆。

1951 年，十六周岁。

发表抒情散文《小石》《红叶》于《新生日报》文学专栏，笔名"好山"。读了爱因斯坦的"相对论"和张澐的天文学著作。

1952 年，十七周岁。

以同等学历参加并通过了大学入学联考，升入台湾大学的一年级，专修外国语言和文学系课程，并选修了方东美教授的哲学导论课程。

1953 年，十八周岁。

台大二年级学生。参加了青年写作协会，开始在大学出版物《青年写作》上写一些抒情文和新诗。

1954 年，十九周岁。

台大三年级学生。开始阅读冯友兰的相关著作，对新儒学产生很大兴趣。继续旁听方东美和陈康所开设的所有哲学课程。选修英诗课程，喜爱 19 世纪英国诗人 Wordsworth 与 Keats。对美学和生命哲学发生兴趣，读了柏拉图、尼采、柏格森、华严宗杜顺的著作和《易经》。把济慈的《希腊古瓮颂》(*Ode to the Grecian Urn*)翻译成中文新诗,发表于《青年写作》杂志。

1955 年,二十周岁。

大学毕业,获得外国语言和文学学士学位,毕业论文《论 Aeschylus 的悲剧思想》。

1956 年,二十一周岁。

通过台大哲学研究生入学考试,与刘述先及傅伟勋同时进入该校哲学研究所,师从方东美教授。

1957 年,二十二周岁。

12 月获得了华盛顿大学读哲学硕士学位的奖学金,前往美国西雅图该校分校读硕士。父母送行,父亲送《五经读本》,叮嘱其在国外不能忘记中国文化。此年,唐君毅、牟宗三、徐复观、张君劢四人在香港发表了《为中国文化敬告世界人士宣言》。

1959 年,二十四周岁。

夏天在华盛顿大学获得了哲学硕士学位,并同时获得哈佛大学、耶鲁大学、康奈尔大学、伊利诺伊大学四校哲学系的研究生奖学金,最后选择了哈佛大学,于秋季进入哈佛大学哲学系攻读博士学位。

1960 年,二十五周岁。

选修了 W. V. Quine 等教授关于演绎逻辑、归纳逻辑、语言哲学、认识论、科学哲学、形而上学、伦理学、亚里士多德、休漠、康德、实用主义的课程。也旁听了 John Rawls 的"正义论"课程，并成为 Aiken 教授伦理学和实用主义课程的助教以及逻辑学课的评分员。

1961 年，二十六周岁。

春末通过了哈佛大学哲学博士资格测试。夏天在新泽西州一家计算机公司做程序设计师的工作。

1962 年，二十七周岁。

在 Williams 教授与 Quine 教授的指导下准备博士学位论文，题目是"关于皮尔士与刘易斯的归纳理论"（ *On Peirce's and Lewis's Theories of Induction* ）。确定以哲学为主修课，以数学为辅修课。

1963 年，二十八周岁。

5 月完成博士学位论文，并通过了答辩口试。秋，接受在檀香山夏威夷大学 Manoa 主校区做哲学助理教授的任命。

1964 年，二十九周岁。

春季正式获得哈佛大学哲学博士学位。参加了夏威夷大学哲学系主办的第五届东西哲学家会议，与会主讲有方东美、唐君毅、梅贻宝、陈荣捷等先生。开始筹办《国际中国哲学通讯》，年底手抄油印出版，每年一期，共出四期。短暂任职于台湾大学文学院。未赴台湾大学哲学系邀请任教。

1965 年，三十周岁。

在夏威夷大学讲授中国哲学和当代分析哲学与科学哲学。应位于纽约 White Plain 的 M. E. Sharpe 出版社的邀请，担任《中国的哲学研究翻译季刊》主编，并出版了第一期。在芝加哥市中西区举行的美国哲学学会（APA）年会上宣读论文，为首位华人哲学家在 APA 发表的有关归纳逻辑理论的论文。主持"国际心身同一论哲学会议"，邀请到 Carnap 及 Feigel、Smart 等著名哲学家来夏威夷大学与会和发表重要论文，也提交了一篇《心脑认知同一论》的论文。

1966 年，三十一周岁。

在夏威夷大学 Manoa 校区继续讲授中国哲学及当代分析哲学，发展了儒家哲学、宋明理学、禅宗哲学、先秦中国逻辑、中国马克思主义的研究课目与课题。发表《当代归纳理论中的几个问题》《自方法学观点论科学发展基础》等论文。

1967 年，三十二周岁。

在夏威夷大学建立中国哲学博士班。同时担任中国哲学、分析哲学与科学哲学的硕士生与博士生导师。获得了美国国家科学基金会拨款研究中国逻辑。访问日本的东京大学与京都大学。发表《论孔子的正名思想》《当代中国哲学之发展世界的意义》等论文。

1968 年，三十三周岁。

参加在奥地利维也纳举行的第十四届世界哲学大会，在会上提交了一篇关于归纳哲学的论文。应邀请开始在耶鲁大学哲学系任客座教授，也是该系第一个讲授中国哲学的哲学教授。发表《战国儒家思想之发展》等论文。

1969 年，三十四周岁。

在耶鲁大学讲课，并组织了一个"作为一种当代哲学的儒家学说"研讨班。第一本专著《皮尔士与刘易斯的归纳理论》(英文版)在荷兰出版。

1970 年，三十五周岁。

被任命为台湾大学哲学系主任及哲研所所长，任期三年。

1971 年，三十六周岁。

专著 *Tai Chen's Inquiry into Goodness*, *A Study with a Translation of Yuan Shan* 由檀香山东西文化中心出版社出版。

在洛杉矶参加加利福尼亚大学语言学夏季学院的教授讲习。

1972 年，三十七周岁。

应邀在纽约城市大学皇后学院哲学系担任客座哲学教授，讲课一年。

1973 年，三十八周岁。

创办英文杂志《中国哲学季刊》(*Journal of Chinese Philosophy*)，在荷兰 Dordrecht 的 Reidel 公司出版。该杂志每年四期，12 月发行第一期。

1974 年，三十九周岁。

《中国哲学与中国文化》一书由在台北三民书局出版。参加了斯坦福大学关于科学哲学的夏季学院。发表《论中国哲学的重建问题》等论文。出版专著《中国哲学与中国文化》

《科学知识与人类价值》。

　　1975 年，四十周岁。

　　创立了国际中国哲学学会（ISCP），确定每两年开国际会议一次，认定《中国哲学季刊》为本会学术会刊，并不定期出版简报。《身心同一论的哲学面向》（英文版）一书，由成先生撰写导言和选编论文组成，由夏威夷大学出版社出版。发表《从哲学看文学：论文学四义与文学十大功能》等论文。

　　1976 年，四十一周岁。

　　秋，参加在斯坦福大学举行的语言哲学大会及其专题研讨会，与语言学家 Chomsky 等就转型文法理论有所交流。发表《人性体验与人性哲学》《论人性哲学与人性体验》《论安乐死》等论文。

　　1977 年，四十二周岁。

　　在康涅狄格州的 Fairfield 大学主持了第一届国际中国哲学会议。发表《复兴中国文化　发展中国哲学》《论人权的人性本质与理性基础》《美国哲学之发展及其未来》等论文。

　　1978 年，四十三周岁。

　　在夏威夷大学首开关于《易经》哲学的研究讨论课，这也是《易经》第一次被介绍进美国大学哲学研究生的正式课程中。发表《美国哲学之发展及其未来》《论明儒学案中的明儒气象》《论中国哲学的现代化与世界化》《现代化的哲学意义与理性基础》《再论中国哲学现代化问题》《论中国哲学的现代化与世界化》《论人权的人性本质与理性基础》《自学术与历史观点评中国大陆批孔运动》等论文。

1979 年，四十四周岁。

夏季在檀香山东西方文化中心应邀从事跨文化传播学的研究。在南卡罗来纳州 Charleston 的 College of Charleston（查理士学院）主持了第二届国际中国哲学会议。发表《一个新的管理概念：论管理的七个功能》《孔子政治哲学与中华文化复兴》《文化自强之道》等论文。

1980 年，四十五周岁。

参加了在台北"中研院"举行的第一届国际汉学大会，会上提交了一篇关于《论语》和《易经》中的"时中"哲学的论文。赴印度 Madras 大学开会，并至 Kana（菩提达摩出生地）参观，返程中得诗十九首。发表《序当代墨家研究》《现代科技下的生活形态与传统文化：一个对未来的透析》《发展孔子"文、行、忠、信"的教育哲学》《谈情说理》《论中国哲学》《论孔明的正义观》等论文。

1981 年，四十六周岁。

在纽约州立大学 Stonybrook 校区主持第三届国际中国哲学会议。发表《文化与民族性格与心理》《朱子哲学中的方法、知识和真理观》等论文。

1982 年，四十七周岁。

参加在夏威夷大学举行的国际朱熹学术会议的组织工作，提交了一篇关于朱熹方法论与认识论的论文。该会由陈荣捷教授主持。发表《朱子与逎之家人辩证与考析》《做一个现代中国文化人》等论文。

1983 年，四十八周岁。

主持了在多伦多大学维多利亚学院举行的第四届国际中国哲学会议。邀请北京大学的汤一介教授参加会议。出版专著《现代逻辑学与科学方法论基本术语词典》。

1984 年，四十九周岁。

积极从事中西伦理学的理论与应用研究，教授道德理论课程。发表《当代新儒学与新儒家的自我超越：一个致广大与尽精微的追求》《方法概念与本体诠释学》《中国哲学范畴的特性》等论文。

1985 年，五十周岁。

在檀香山创立国际易经学会（ISIC）。在檀香山创立远东高级研究院（ FEIAS ），目标在于发展东西方文化与哲学综合理论课程与应用项目，促使东西方在哲学、管理学、卫生保健、语言和信息研究以及其他社会科学等领域相互融会贯通。应邀参加在湖北黄冈举行的国际熊十力百岁学术研讨会，并又在武汉大学作演讲。在北京大学哲学系担任客座教授，讲授中西比较哲学与当代西方哲学。在中国文化学院里担任导师，与梁漱溟先生同台讲学，后拜访梁先生于家中。发表论文十余篇。

1986 年，五十一周岁。

发表《论儒家孝的伦理及其现代化：责任、权利与德行》《从禅宗的"本体论诡论"到欧美佛学研究的现况》等论文。

出版专著《知识与价值：和谐、真理与正义的探索》。

1987 年，五十二周岁。

在加利福尼亚大学圣地亚哥校区主持第五届国际中国哲学会议。应邀参加东京国际基督教大学（ICU）举行的太平洋地区高等教育的国际会议，提交《面向建立一个东西方大学体系——一个泛太平洋地区高等教育国际化的计划》论文，此文后来刊登于 1988 年春季的《东西方教育》杂志。应邀在华东师范大学担任讲座教授，讲授中西比较哲学一个月，学员由冯契教授选拔，潘德荣等四十名来自高校的师生参加了讲习班。

1988 年，五十三周岁。

应刘大钧教授之邀，在山东大学举行的第二届《易经》研究会议上，作《关于〈易经〉的历史性质和世界哲学意义》的主题发言，引起了很大的回应。组织并主持在檀香山东西方文化中心举行的"东西方民主与社会公正"国际学术会议，宣讲主题论文《论民主与社会正义：西方与东方》。鉴于日本学者在筑波大学会议上提出以日本为中心发展国际儒学联盟，成先生写信给北京孔子基金会，倡议立即在中国成立国际儒学联合会。随后，大陆迅速做出回应并接受建议，请成先生制定联合会组织章程，并于 11 月应邀再赴北京开第一次筹备会议。发表论文十余篇。

1989 年，五十四周岁。

在夏威夷大学 Hilo 校区举行的第六届国际中国哲学会

议上作《中国哲学中的自然、人性与文化》的主题发言。访问台湾大学，首次讲授本体诠释学（Onto-Hermeneutics）与分析诠释学（Analytic-Hermeneutics）的研究生讨论课。发表论文多篇。出版专著《中国哲学的现代化与世界化》。

1990年，五十五周岁。

上半年继续在台湾大学进行本体诠释学的研究生讨论课并讲授《易经》。发表《禅的诡论与逻辑》《"易"的象、数、义、理一体同源论》等论文。

1991年，五十六周岁。

在德国慕尼黑大学举行的第七届国际中国哲学会议上作主题发言。出版专著《儒家哲学的新维度》（英文版）、《世纪之交的抉择》、《文化、伦理与管理》。

1992年，五十七周岁。

在国际周易学会的赞助下，组织并主持了在夏威夷大学Hilo校区举行的首届国际《易经》研究会议，作《中国哲学与易学：易学与管理学》的主题发言。发表《论儒学与新儒学中的宗教实在与宗教认识》《〈易经〉的方法思维》《〈易经〉研究的现代化问题》《本体诠释学与中国哲学的现代化和世界化——访美籍华裔学者成中英教授》《成中英教授再谈本体诠释学》《追求民主精神，培养民主人格》等论文。

1993年，五十八周岁。

在北京大学举行的第八届国际中国哲学会议上作主题发言。受日本东京国际基督教大学副校长Dr. Tachikawa（仁川）

邀请，赴该校讲授教育哲学与中西比较哲学。当选为新成立的国际儒学联合会副理事长。发表论文十余篇。

1994 年，五十九周岁。

夏天参加了在法国南部举行的 Academie du Midi 会议论坛，并提交了一篇整体伦理学论文。又应 Guenter Wolfhart 教授之邀去他所在的 Wuppertael 大学，兼及附近的波鸿大学讲学。接受德国波恩《小汉学》杂志编辑的采访，论述道与观。11 月，应邀访问莫斯科的俄国科学院远东研究学院并作演讲，同时也访问圣彼得堡。发表论文十余篇。

1995 年，六十周岁。

在波士顿大学举行的第九届国际中国哲学会议上作主题发言。接受俄国科学院远东研究学院授予的名誉博士学位。重组远东高级研究学院(FEIAS)，成立美国国际东西方大学(IEWU)。在波士顿举行第九届国际中国哲学会议，该会议由 Robert Neville 教授主持。发表《论中国哲学的综合创造与创造综合》《论"观"之哲学涵义兼释〈观卦〉》《原性与圆性：论性即理与心即理的分疏与融合问题》《中国管理哲学与比较管理研究》等论文。出版专著《C 理论：易经管理哲学》。

1996 年，六十一周岁。

参加了在葡萄牙举行的 Academie du Midi 哲学论坛，并提交了一篇有关儒家修己与自由意志的论文。应邀在德国柏林技术大学作了一学期哲学讲座教授，开设科学哲学与中国科学史的讨论课，作了五次演讲。秋季学期访问了八所德国大学并作了八次客座演讲，包括由赖贤宗博士促成的成先生与慕尼黑大学宗教学系主任 M. von Bruck 教授和哲学系主任 W. Vossenkuhl 教授所邀请的演讲和学术交流。发表《中国哲学的综合创造与创造综合——兼论本体诠释的涵义》《本体诠释学是什么》《交叉科学研究的重要发展》等论文。出版专著《论中西哲学精神》《世纪之交的哲学——诠释与融合》《知识与价值——成中英新儒学论著辑要》《论中西哲学精神》。

1997 年，六十二周岁。

作为高级会员和访问教授应邀在香港浸会大学宗教和哲学系访问，担任 University Fellow 与应用伦理研究中心的研究教授。在韩国汉城(现韩国首尔)举行的第十届国际中国哲学会议上作主题发言。发表《本体与实践：牟宗三先生与康德哲学》《冯契先生的智慧哲学与本体思考：知识与价值的逻辑辩证统一》《社会变迁与文化转通的核心问题：知识与道德的平衡与整合》《所涵摄的知识问题——兼论朱子"理"的创见》等论文。出版专著《超越时空的管理智慧之光：中国管理哲学的现代应用》(与周翰光合编)。

1998 年，六十三周岁。

应邀出席在澳大利亚雪梨新南威尔士大学举行的国际"澳大利亚、亚洲与比较哲学会议"，作《从深度与广度上理解亚洲与比较哲学》发言。发表《二十一世纪的东西文化融合与大学教育的使命》《现代新儒家的复杂命题》等论文。

1999 年，六十四周岁。

应瑞士著名文化综合杂志 *Die Zeitschrift der Kultur* 约稿，以德文发表论文《从东方的视角看理性的界限及其超越》（*Das Grosse Letze : Westliche Grenzen undder o stliche Weg*）。应邀在北京大学"汤用彤学术讲座"先后作《西方哲学诠释学转向与本体论回归》《中国哲学中的宇宙本体论与价值本体论》的发言。在台北举行的第十一届国际中国哲学会议上作主题发言。在瑞典斯德哥尔摩大学举行的 21 世纪中国与西方国家高等教育与研究国际论坛上作《21 世纪东西方教育的全球化》的主题发言。发表论文多篇，创办《本体与诠释》系列，第一辑由北京生活·读书·新知三联书店出版。

2000 年，六十五周岁。

5 月，由于 Richard Palmer 教授的介绍，应邀在伽达默尔位于海德堡的家中访问伽达默尔，讨论理解的"本体问题"及有关中西哲学的异同问题。后来还为这次历史性的见面撰写了回忆录《世纪会面》。该文后来发表于《本体诠释学（第二辑）》（北京大学出版社 2002 年版）。发表论文多篇。

2001 年，六十六周岁。

在北京举行的第十二届国际中国哲学会议上作主题发言。该会议由方克立教授策划与主持。发表论文十余篇。出版专著《合外内之道——儒家哲学论》。

2002 年，六十七周岁。

发表《第五阶段儒学的发展与新新儒学的定位》《本体诠

释学体系的建立：本体诠释与诠释本体》《文化自觉与文明挑战》《论东方德性伦理和西方权利伦理的结合》《二程本体哲学的根源与架构》《诠释空间的本体化与价值化——本体诠释学与哲学诠释学的比较与整合》《本体诠释学洞见和分析话语——中国哲学中的诠释和重构》《新论人文精神与科学理性：中西融合之道》等论文。专著出版《当代中国哲学》（英文版）、《创造和谐》、《本体诠释学(第二辑)》（主编）、《本体与诠释：中西比较(第三辑)》（主编）。

2003 年，六十八周岁。

1 月，台北讲学，在"国科会"人文学研究中心演讲三场，讲题是《本体诠释学》《后后现代与新新儒学》《人文主义与二十一世纪管理学》。8 月，在土耳其伊斯坦布尔举行的 21 世纪中国哲学世界大会上主持"关于 21 世纪中国哲学、文化认同与人权"圆桌会议。同月在瑞典 Vasteras 举行的第十三届国际中国哲学会议上作《世界伦理与儒家模式》的主题发言。9 月，在新加坡举行的亚洲与比较哲学国际会议上作关于自我和他人的主题发言。10 月，在台北大学中文系主办的第一届中国文哲之当代诠释学术研讨会上作《本体诠释学的本体结构与诠释结构：兼论中国哲学的诠释定位》的主题发言。11 月，在北京参加的由高等教育科学研究所组织的"高等教育论坛"上，应邀作《高等教育的功能及其管理意义》的主题发言。本年由 Antonio Cua 编辑，印有成中英先生撰写的 14 个主要词条的《中国哲学百科全书》在伦敦和纽约的 Routledge 出版公司出版。出版专著《道与心：成中英自选集》。

2004 年，六十九周岁。

6 月 16 日，受邀访问中国科学院研究生院。9 月 27 日晚七点，于北大哲学系作《德律与理律：中西伦理学的分野与融合》的演讲。接受英国科学院邀请，担任牛津大学中国哲学讲座教授，研究讲授当代中国哲学，并赴康桥大学、伦敦大学、巴黎第七大学等校作中西学术的演讲，重新检视中国语言逻辑与希腊语言逻辑有关本体思考的差异及其成因与后果。应邀于广州中山大学担任昌盛中国哲学讲座教授，于12 月下旬讲授《当代中西哲学十二讲》。

2005 年，七十周岁。

被山东大学聘为名誉教授，应邀担任周易研究中心讲座教授，主讲《中西哲学视野下的周易哲学十二讲》。6 月，应南京大学商学院邀请，主讲《新新儒学的意义及其发展》。7 月，参加在澳洲雪梨市国立南威尔斯大学举行的第十四届国际中国哲学会议。8 月，参加在上海华东师大由潘德荣教授发起与主持的"本体论与诠释学国际研讨会"，发表英文论文《本体诠释与诠释本体》。潘德荣主编《本体与诠释——贺成中英先生 70 寿诞论文专辑（第五辑）》，分别在上海与台北出版。10 月，参加由台北大学中文系主办的第二届中国文哲之当代诠释学术研讨会并作主题演讲。11 月，参加"北京论坛（2005）文明的和谐与共同繁荣——全球化视野中亚洲的机遇与发展"："全球化时代的东西方哲学对话"哲学分论坛。出版专著《成中英自选集》《从中西互释中挺立——中国哲学与中国文化的新定位》。

2006年，七十一周岁。

3月，参加国务院发展研究中心人力资源研究培训中心、北京师范大学哲学与社会学院共同合办的"管理哲学博士（企业家）研修班"，在香山饭店举行首期开班典礼。5月30日下午，应邀在首都师范大学政法学院北一区图书馆报告厅作了《宗教对话与文化融合》的主题报告，强调了宗教对话与融合的必要性，并特别指出在宗教对话中文本诠释的意义，最后对理想中的"世界宗教"的基本原则进行了阐述。12月22日晚，在厦门大学主楼会议室为庆祝国学研究院复办发表演讲。发表论文十余篇。专著出版《C理论：中国管理哲学》、《成中英文集》（全四卷）。

2007年，七十二周岁。

参加"北京论坛（2007）文明的和谐与共同繁荣——人类文明的多元发展模式"："爱智和宏道：人文奥运的哲学基础"哲学分论坛，提交英文论文《奥林匹克精神下的希中形上学与伦理学》。3月26日，参加在中国人民大学明德堂隆重开幕的"世界汉学大会2007"。4月24日，应西安交通大学人文学院邀请，为师生作《面对文明社会：伦理、管理与治理》的主题报告。5月16日，参加浙江儒学学会成立大会，在浙江人文大讲堂作《和谐哲学与中国人》的演讲。5月26

日下午，在深圳市民文化大讲堂作《〈周易〉哲学与儒家的和谐精神》的演讲。6月25日，参加武汉大学主办的第十五届国际中国哲学大会，接受山东电视台《新杏坛》栏目的采访。发表《孔子的当代意义：儒家伦理是全球伦理的基础》、《论康德与儒家的理论关联》（英文）、《当代儒学两面相：信仰儒学与知识儒学》、《后现代语境中的儒家本体伦理学发展》等论文。

2008年，七十三周岁。

5月29日，为西安交通大学国学社师生作《周易哲学诠释与发展》的主题报告。8月5日，在韩国首尔参加第八届世界中国哲学大会，作主题演讲。会议9天时间里，发表了6篇论文。同时，接受韩国《中央日报》《首尔新闻》专访。8月11日上午，被聘为人民大学客座教授。8月24日，接受新华社记者杨晴川采访，从文化角度高度评价北京奥运会。9月10日，抵达成都参加首届中国经学国际学术研讨会，发表《中国哲学与世界哲学：从中西对立到中西融合》的演讲。11月，应邀出席《知识创富、智慧造福》知识奥运论坛，担任论坛主席，作《创导多方面多角度多方位发挥知识功能，为人类的经济繁荣、社会福祉与文化提升及世界和平发展而努力》的主题发言。12月1日，应清华大学公共管理学院领导力研究中心之邀，共同出席洛杉矶第十届国际领导力学术会议，并发表论文《全球领导力理论与儒家领导力古典与现代模型》，论述中国儒家全球领导力的哲学基础与发展形态。

在此期间，应洛杉矶 Chapman University 文化传播系贾文山教授之邀作全校公开演讲，题目为 *Understanding Humanity and the World：China and West*。发表《马一浮的"六艺心统说"与儒家经学的哲学意涵》《全面诠释与发展儒学：哲学、经学与国学》等论文。

2009 年，七十四周岁。

6 月 4 日，应上海交通大学人文艺术研究院邀请做客交大文治讲坛，以《中国哲学与世界哲学的发展：后现代化与后全球化》为题，阐述了自己对现代性、后现代性、全球化、后全球化等热点话题的看法。6 月 29 日，为重庆大学国学班学员开讲易学。同时寻访少年故居，接受《重庆晨报》采访，追忆八年巴渝生活。7 月 28 日做客合肥工业大学人文经济学院，与师生进行了学术交流。系统阐述了成氏管理哲学理论《C 理论：中国管理哲学》的主要观点，同时由潘德荣教授诠释了管理与哲学的关系。参加"北京论坛（2009）文明的和谐与共同繁荣——危机的挑战、反思与和谐发展"："化解危机的文化之道——东方智慧"中文分论坛，提交论文《对全球性危机的道德反思：作为解决之道的和谐与伦理教养》（英文）。发表论文十余篇。

2010 年，七十五周岁。

参加首届尼山世界文明论坛，提交发言论文《从世界宗教到儒家的精神性：终极本源性、内在创造性、整体实现目的性》。参加中国人民大学举办的"中国哲学形上学与认识论"国际会议。发表《中国哲学与世界哲学的发展——后现代化与后全球化》等论文。

2011 年，七十六周岁。

6 月初，去欧洲参加学术会议并进行一些学术演讲，其间参观、游历、访问，考察了希腊、以色列、德国和法国。发表论文十余篇。

2012 年，七十七周岁。

参加北京第三届世界汉学大会，提交发言论文《新汉学的基础与本体诠释学的核心范畴》。发表《康德与儒家中的理性与道德：深入思考与探索》（英文）、《儒学复兴与现代国家建设》《寻求保留差异的中西马哲学会通之路》等论文。

2013 年，七十八周岁。

7 月 6 日至 7 日，"本体、诠释与实践——成中英哲学思想学术研讨会"在中国人民大学国学馆举行，来自内地/大陆、香港、台湾地区，以及美国、英国、澳大利亚等国家的学者陈来、李中华、韩星、梁涛等 50 余人出席了会议。本次会议由中国人民大学国学院和北京四海孔子书院联合举办。发表《原美与原善——差异互释与超融》《论本体诠释学的四个核心范畴及其超融性》《港台与海外新儒家学术特征比较探微——成中英先生访谈录》《儒家潜涵的宪法与宪政思想》《本体与生态：导向天人环境伦理学八原则》《中国文化八性的开拓与创新——在贵州大学中国文化书院成立十周年纪念学术研讨会上的演讲》《易学与中国哲学及中国文化的发展》《在英语世界呈现中国哲学的智慧》《易学与中国哲学及中国文化的发展》《儒学复兴与现代国家建设》《儒家哲学的理论重建及其五项实践》《从中国哲学的角度阐释"中国梦"》等论文。出版专著《从中西会通到本体诠释——成中英教授访谈录》。

2014 年，七十九周岁。

9 月 28 日，孔子诞辰 2565 年之际，作为国际儒学联合会的主要创始人，得到了习近平总书记的接见。发表论文十余篇。出版专著《新觉醒时代——论中国文化再创造》。

2015 年，八十周岁。

参加英国哲学史年会每两年举办一次的国际型大会。参加中华传统文化百家论坛暨现代文明与国学研讨会。发表《中国文化的本质与走向》《"理一分殊"的本体诠释：兼论经学的本体学性质》《董仲舒政治哲学的形上基础及其现代诠释》等论文。

2016 年，八十一周岁。

5 月下旬，在檀香山举行第十一届东西哲学家会议。刘述先去世，6 月 7 日送挽联：订交逾一甲子，在学亦在行，诤友何处再寻；论学超半世纪，尊方复尊牟，思考卓然自立。获得 CCTV"2016 中华之光"传播中华人物年度奖。12 月 24 日至 25 日，出席中国人民大学商学院 2017 新年论坛并发言。发表论文十余篇。

2017 年，八十二周岁。

3 月 15 日，参加首届世界汉学大会在北大博雅酒店的开幕式。同时，为父亲成惕轩《楚望楼联语笺注》作序。5 月 22 日，受湖南省社科联邀请，围绕"学术期刊的办刊与发展"主题作了精彩演讲。发表《经典诠释的公理化方法与本体诠释学》《〈中国哲学季刊〉创办历程及关于中国哲学发展的思考》《朱熹论"人心"与"道心"——从心的主体化与主宰性到道德心的实践》等论文。出版专著《成中英文集》（十卷本）。

2018 年，八十三周岁。

成立中英书院。1 月 22 日，中英书院发展座谈会在清华大学举行。11 月 18 日，第三届全球华人国学大典颁奖盛典在北京举行，获得"海外影响力奖"。发表论文十余篇。

2019 年，八十四周岁。

9 月 28 日至 29 日，参加第二届中国哲学真理观学术会议，此次会议在上海交通大学闵行校区学术活动中心召开。发表《简论中西哲学中的真和真理的概念：真、真实、真理》《儒家的自我理念：论儒家哲学中的修己与自由意志》《江南文脉的"文"与"思"》等论文。

2020 年，八十五周岁。

由于新冠病毒全球大流行，原计划与北京人文研修学院国学院拟定的中西文化会通国学班改成网课形式（春季学期），讲学内容由巩晓慧整理成《国学智慧七讲》一书，准备出版。夏季，口述自传《诚思录》。发表《世界的文学性与文学的世界性》等论文。

二、国学经典推荐书目

初阶篇

（1）《三字经》《百家姓》《千字文》《千家诗》《幼学琼林》《龙文鞭影》《增广诗韵合璧》《古诗源》《文字蒙求》《声律启蒙》《纲鉴易知录》《二十四史弹词》《古文观止》《随园诗话》《古文辞类纂》《续古文辞类纂》《经史百家杂抄》；

（2）《论语》《孟子》《荀子》《诗经》《尚书》《易经》《礼记》《周礼》《仪礼》《春秋》《老子》《墨子》《庄子》。

高阶篇

（3）《五经正义》、《四书集注》、《十三经注疏》、《老子道德经注》、《庄子注疏》、《明儒学案》、《说文解字注》（段玉裁著）、《经传释词》（王引之著）、《经籍纂诂》（阮元著）、《经学历史》（皮锡瑞著）、《书目答问》（张之洞著）、《十三经说略》（王钟翰等著）；

（4）《管子》、《吕氏春秋》、《淮南子》、《盐铁论》、《论衡》、《抱朴子》、《列子》、《近思录》、《明夷待访录》、"二十四史"、《文史通义》（章学诚著）、《廿二史札记》（赵翼著）、《读史方舆纪要》（顾祖禹著）、《史通》（刘知幾著）、《大同书》（康有为著）、《中国历史研究法》《清代学术概论》（梁启超著）、《国学讲演录》《国故论衡》（章炳麟著）、《四

库提要叙讲疏》(张舜徽著)、《中国近三百年学术史》《国史大纲》《国学概论》(钱穆著)、《二十五史说略》(王钟翰等著);

(5)《说文解字通论》(陆宗达著)、《文献学概要》(杜泽逊著)、《中国古文献学史简编》(孙钦善著)、《目录学发微》(余嘉锡著)、《古籍版本学概论》(严佐之著)、《校勘学大纲》(倪其心著)、《中国古文字学通论》(高明著)、《中国文字学》(唐兰著)、《训诂学》(郭在贻著)。

博雅篇

梁漱溟：《东西文化及其哲学》《中国文化要义》

熊十力：《原儒》《体用论》

马一浮：《复性书院讲录》

张君劢：《民族复兴之学术基础》

冯友兰：《中国哲学史》(上下册)

方东美：《原始儒家道家哲学》《新儒家哲学十八讲》《生生之美》

唐君毅：《道德自我之建立》

牟宗三：《中国哲学十九讲》《中西哲学之汇通》

徐复观：《中国艺术精神》《中国思想史论集》《为中国文化敬告世界人士宣言》

余英时：《士与中国文化》《中国近世宗教伦理与商人精神》

杜维明：《儒教》《现代精神与儒家传统》

成中英：《易学本体论》

陈来：《古代宗教与伦理：儒家思想的根源》《现代中国

哲学的追寻：新理学与新心学》

　　楼宇烈：《国学精神——中国的品格》

　　饶宗颐：《中国史学上之正统论》

　　陈焕章：《孔门理财学》

　　彭林：《中华传统礼仪概要》《中华传统礼仪读本》

　　龚鹏程：《中国传统文化十五讲》《国学入门》

　　梁涛：《国学的定位与经学、史学》

　　蒋庆、陈明、康晓光、余东海、秋风：《中国必须再儒化——"大陆新儒家"新主张》

　　蒋庆：《公羊学引论》《政治儒学——当代儒学的转向、特质与发展》

　　陈明：《儒教与公民社会》

　　干春松：《儒学小史》《重回王道——儒家与世界秩序》

　　曾亦：《拜礼研究》《春秋公羊学史》

　　郭晓东：《经学、道学与经典诠释》

　　姚中秋：《儒家宪政主义传统》《华夏治理秩序史》《治理秩序论：经义今诂》

　　张祥龙：《孔子的现象学阐释九讲——礼乐人生与哲理》

　　盛洪：《儒学的经济学解释》

　　姜辉广：《中国经学思想史》

　　叶纯芳：《中国经学史大纲》

　　程抱一：《中国诗画语言研究》

　　杨联升：《中国制度史研究》

陈柱：《诸子概论》

吕思勉：《理学纲要》《中国通史》

陈鼓应：《老子今注今译》

吕澂：《中国佛学源流略讲》

余敦康：《魏晋玄学史》

汤用彤：《隋唐佛教史稿》

李泽厚：《中国古代思想史论》

袁行霈：《中国文学史》

殷法鲁、许树安、刘玉才：《中国古代文化史》

［荷］高罗佩：《琴道》

［日］本田成之：《中国经学史》

［日］岛田虔次：《中国近代思维的挫折》

［日］内藤湖南：《唐宋变革论》

［英］李约瑟：《中国科学技术史》

［法］谢和耐：《蒙元入侵前夜的中国日常生活》《明清间耶稣会士入华与中西汇通》

［美］墨子刻：《摆脱困境：新儒学与中国政治文化的演进》

［美］狄百瑞：《东亚文明：五个阶段的对话》

［德］马克斯·韦伯：《儒教与道教》

［美］拉铁摩尔：《中国的亚洲内陆边疆》

［美］D. 布迪、C. 莫里斯：《中华帝国的法律》

图书在版编目(CIP)数据

国学智慧七讲/成中英著.—北京:北京师范大学出版社,
2023.8

ISBN 978-7-303-28839-7

Ⅰ.①国… Ⅱ.①成… Ⅲ.①国学–研究 Ⅳ.①Z126

中国国家版本馆 CIP 数据核字(2023)第 016005 号

图 书 意 见 反 馈　gaozhifk@bnupg.com　010-58805079
营 销 中 心 电 话　010-58807651
北师大出版社高等教育分社微信公众号　新外大街拾玖号

GUOXUE ZHIHUI QIJIANG
出版发行:北京师范大学出版社　www.bnupg.com
北京市西城区新街口外大街 12-3 号
邮政编码:100088
印　　刷:北京盛通印刷股份有限公司
经　　销:全国新华书店
开　　本:889 mm×1194 mm　1/32
印　　张:9
字　　数:178 千字
版　　次:2023 年 8 月第 1 版
印　　次:2023 年 8 月第 1 次印刷
定　　价:67.00 元

策划编辑:周雪梅　　　　　　　责任编辑:李春生
美术编辑:陈 涛 李向昕　　　装帧设计:陈 涛 李向昕
责任校对:包冀萌　　　　　　　责任印制:马 洁